AF464387

LE

PRINCE-CANICHE

La première édition du PRINCE-CANICHE a été publiée dans la *Revue nationale*.

OUVRAGES DU MÊME AUTEUR

PUBLIÉS DANS LA BIBLIOTHÈQUE CHARPENTIER

à 3 fr. 50 le volume

PARIS EN AMÉRIQUE. 19e édition. . . . . 1 vol.

LE PARTI LIBÉRAL et son avenir. 6e édition. . . . . . . 1 vol.

LA LIBERTÉ RELIGIEUSE. 3e édition. . . . . 1 vol

ÉTUDES MORALES ET POLITIQUES. 3e édition. . . . . . . 1 vol

L'ÉTAT ET SES LIMITES. 3e édition. . . . . 1 vol

HISTOIRE DES ÉTATS-UNIS D'AMÉRIQUE, depuis les premiers essais de colonisation jusqu'à l'adoption de la constitution fédérale (1620-1789). 2e édition. . . . . 3 vol

ÉTUDES SUR L'ALLEMAGNE CONTEMPORAINE et les pays slaves. 2e édition. 1 vol.

PARIS. — IMP. SIMON RAÇON ET COMP., RUE D'ERFURTH, 1.

LE
PRINCE-CANICHE

PAR

ÉDOUARD LABOULAYE

DE L'INSTITUT

Cosas de España.

QUATRIÈME ÉDITION

PARIS

CHARPENTIER, LIBRAIRE-ÉDITEUR

28, QUAI DE L'ÉCOLE

1868

Tous droits réservés.

LE

PRINCE-CANICHE

Cosas de España.

DIALOGUE

ENTRE L'AUTEUR ET L'AMI CHOSE

L'AMI CHOSE. J'ai lu votre petite drôlerie ; un conte de fées, c'est bien vieux.

L'AUTEUR. J'ai suivi le goût du jour. En France, il n'y a plus que le vieux qui soit à la mode ; on n'aime que le bric-à-brac et le rococo ! Voyez la liberté ; chacun repousse la pauvrette parce que son extrait de baptême ne lui donne guères que soixante-dix-huit ans. C'est une roturière pour des gens qui datent de Louis XIV ou des croisades.

L'AMI CHOSE. Pour Dieu ! ne parlons pas politique.

L'AUTEUR. Au contraire, parlons-en à notre aise.

L'AMI CHOSE. Mon cher, j'aime la musique. Je suis Français, c'est tout dire. Mais voilà vingt ans que vous nous jouez sur tous les tons le finale de *Don Juan : Viva la libertà !* est-ce que vous ne pourriez pas essayer d'une autre chanson ?

L'AUTEUR. Pourquoi changer ? Le public revient à ce vieil air que nos pères chantaient si volontiers.

L'AMI CHOSE. Quel public ? Ce n'est pas le public littéraire assurément ? Il n'aime que l'art pour l'art, les paradoxes et les systèmes ; il n'y a rien de pareil dans votre manuscrit. Vous n'attaquez même pas l'existence de Dieu, comment voulez-vous que la grande critique s'occupe de votre conte à dormir debout ?

L'AUTEUR. Je me passerai de la grande critique et de ses inventions renouvelées des Grecs.

L'AMI CHOSE. Pour qui donc écrivez-vous ?

L'AUTEUR. Pour mes amis inconnus.

L'AMI CHOSE. Quels sont-ils, ces illustres anonymes ?

L'AUTEUR. Tous ceux qui n'ont pas oublié le finale de *Don Juan*.

L'AMI CHOSE. Et vous croyez qu'il en reste encore ?

L'AUTEUR. Je ne le crois pas, j'en suis sûr.

L'AMI CHOSE. Que ne leur dédiez-vous votre chef-d'œuvre?

L'AUTEUR. C'est ce que j'ai fait.

L'AMI CHOSE. Je n'ai pas vu votre dédicace.

L'AUTEUR. Pardon, vous l'avez lue. Elle est tout entière dans les trois mots de l'épigraphe : *Cosas de España.*

L'AMI CHOSE. Vous moquez-vous? J'ai été en Espagne, je sais ce que ces trois mots veulent dire; on en assassine l'étranger. Quand je reprochais à ces hidalgos de s'embosser dans leur manteau troué et de se promener au soleil en vrais fainéants, au lieu de solliciter une bonne place ou un petit monopole, comme font les gens civilisés, ils me repondaient fièrement : *Cosas de España;* en bon français : *C'est notre affaire, vous n'y comprenez rien.* Quel sens donnez-vous à ce proverbe impertinent?

L'AUTEUR. Celui-là même que vous lui prêtez.

L'AMI CHOSE. C'est-à-dire qus vous n'écrivez que pour les fanatiques de votre espèce, pour ces fous qui se font de la liberté une marotte, au lieu de courir sagement après la fortune.

L'AUTEUR. Vous l'avez dit, homme sans préjugés.

L'AMI CHOSE. Mon cher, vous êtes un rêveur. Les Français n'aiment pas la liberté.

L'AUTEUR. *Cosas de España.*

L'AMI CHOSE. Si vous aviez lu nos nouveaux philosophes, vous sauriez que le climat, le tempérament, le milieu, que sais-je? la cuisine même, font de la France une armée et non pas un peuple.

L'AUTEUR. *Cosas de España.*

L'AMI CHOSE. Abandonnez les Français à eux-mêmes, ils se mangeront entre eux et vous dévoreront tout le premier.

L'AUTEUR. *Cosas de España.*

L'AMI CHOSE. Voulez-vous en savoir plus que tout le monde? Est-ce que tous les ministres passés, présents et futurs, qui se sont toujours dévoués pour nous, ne nous ont pas toujours démontré que nous sommes incapables de vivre en paix, et de faire nous-mêmes nos propres affaires?

L'AUTEUR. *Cosas de España.*

L'AMI CHOSE. Allez au diable!

L'AUTEUR. Voilà un vœu inconstitutionnel! Vous oubliez, mon bon ami, que l'enfer est un gouvernement absolu; je ne suppose pas qu'on y consulte les administrés plus qu'on ne le fait à

Paris ; si j'y allais, j'y prêcherais la liberté et je demanderais la responsabilité des ministres ; on serait obligé de me mettre à la porte.

L'AMI CHOSE. Voulez-vous que je vous parle en bon français ? Cette ironie perpétuelle est fatigante. Cela était bon pour Rabelais, pour Swift, pour Voltaire ; mais vous qui n'allez pas à la cheville de ces terribles railleurs, pourquoi forcer votre nature ? Pourquoi ne faites-vous pas simplement un gros livre sérieux ?

L'AUTEUR. Et que personne ne lirait ? Grand merci. Je ne suis pas un écrivain, je suis un soldat, je me bats pour mon drapeau. L'ironie est la seule arme qui réussisse en ce pays, je l'emploie. Je dis comme Lope de Vega :

Como las paga el vulgo, es justo
Hablarle en necio para darle gusto [1].

L'AMI CHOSE. Et vous croyez que les Français souffriront qu'on se moque d'eux ?

L'AUTEUR. Assurément, ils ont assez d'esprit pour cela ; il n'y a que les sots qui n'entendent pas la raillerie.

[1] Puisque c'est la foule qui paye, il est juste de lui dire des folies, pour la servir à son goût.

L'AMI CHOSE. Et vous oserez attaquer cette centralisation que l'Europe nous envie !

L'AUTEUR. Si elle nous l'envie, qu'elle la prenne.

L'AMI CHOSE. Et vous oserez dire aux Français qu'endormis ou éveillés, ils ne sont pas le premier peuple du monde ?

L'AUTEUR. Pourquoi non ?

L'AMI CHOSE. Je vous en défie.

L'AUTEUR. C'est fait. Chers concitoyens, je vous offre respectueusement LE PRINCE-CANICHE.

Glatigny-Versailles, 20 octobre 1867.

CHAPITRE PREMIER

LE BONHEUR D'AVOIR UNE MARRAINE, ET LE DANGER D'EN AVOIR DEUX.

Dans le royaume des Gobemouches, le plus ancien et le plus glorieux des États que le soleil ait jamais éclairés, il y avait une fois un roi et une reine qui, après quinze ans de mariage, n'avaient point d'enfants. La reine en était désolée, elle avait le cœur d'une mère ; le roi faisait meilleure contenance, mais il n'était guère moins affligé ; il était né prince, et se demandait avec effroi ce que deviendraient son empire et le monde, le jour où s'éteindrait sans héritiers l'illustre maison des Tulipes, qui durant tant de siècles avait gouverné d'une main paternelle, l'aimable et léger peuple des Gobemouches.

Le ciel eut enfin peur d'un pareil désastre. Après une si longue attente, la reine devint grosse, et mit au monde un fils que, suivant l'usage, on appela le prince Jacinthe. Cloches et canons apprirent ce grand événement au bon peuple des Gobemouches ; ce fut une ivresse universelle. De tous les coins du royaume on vit accourir, comme un régiment de fourmis, des députations vêtues de noir, et armées de longs discours. Le roi les écouta avec une patience admirable. N'était-il pas le plus heureux des princes et le plus glorieux des pères? Pour comble de joie, une amie de la famille, la fée du jour, avait accepté d'être la marraine du royal enfant. Que ne devait-on pas attendre d'une si puissante protection?

Le jour du baptême, la cour et la ville défilèrent en procession devant le berceau où dormait le jeune prince, entouré de trois gouvernantes, et gardé par deux chambellans en habit jaune serin. De là on passa dans la grande salle des fêtes, où était dressée une immense table en fer à cheval, toute couverte de cristaux, de fruits et de fleurs. Sous un dais cramoisi, surmonté de plumes blanches, le roi s'assit, couronne en tête, ayant à sa gauche la reine, à sa droite la fée du jour. Tout aussitôt la musique des gardes joua l'hymne national :

Ô nobles fils des Gobemouches,
Toujours galants, toujours vainqueurs.
Votre image est dans tous les cœurs,
Votre nom dans toutes les bouches!

Sans avoir jamais rien appris,
Vous savez tout : art et science ;
C'est le droit de votre naissance,
Le ciel vous a tous faits marquis.

Devant vous le monde s'incline,
Et vous donne, du même coup,
Le prix de la mode et du goût
Et la palme de la cuisine. Etc.

Il y avait cinquante couplets sur ce ton ; par malheur l'histoire ne nous a gardé que les trois premiers. Tout ce qu'on sait, c'est que, malgré son impatience naturelle, le peuple des Gobemouches écouta, sans s'irriter, ce long récit de ses vertus, après quoi cent et un coups de canon apprirent à la foule charmée que le banquet allait commencer.

Déjà le roi, plus gracieux encore que de coutume, avait souri à chacun de ses hôtes et fait mille compliments à son aimable voisine la fée du jour, quand tout à coup, au mépris de l'étiquette, une main insolente frappa trois fois à la porte de la salle. Aussitôt il se fit un silence de mort; chaque convive resta muet et immobile, la reine était pâle et défaite, la fée cachait sa tête dans ses deux mains.

« Chambellan, dit le roi, quel est ce bruit? »

Le chambellan était là, à son poste, avec son habit jaune serin et sa clef en sautoir, les deux bras arrondis et le sourire sur les lèvres, mais il ne répondit rien et ne bougea point; une main invisible l'avait pétrifié.

Les trois coups retentirent avec une force nouvelle.

« Capitaine des gardes, cria le roi, faites arrêter l'audacieux qui ose troubler cette fête. »

Le capitaine des gardes était là, à son poste, avec ses moustaches retroussées, son air vainqueur, ses trente-six croix et son grand sabre; mais il ne répondit rien et ne bougea pas plus que le chambellan.

Et les trois coups recommencèrent, et le palais trembla.

Furieux, le roi se leva; il poussa brusquement les deux battants de la porte et se trouva en face d'une grande femme au teint mat, aux cheveux noirs, à l'air sombre et menaçant. C'était la fée de la nuit. Une robe de crêpe noir, toute parsemée d'étoiles bleuâtres, un diadème d'acier surmonté d'un croissant en diamants, rehaussaient la majesté de sa personne et ajoutaient à la sévérité de ses traits.

« Salut, prince des Tulipes, dit la fée d'un ton sec et dédaigneux. Vraiment, on n'est pas plus aimable que Votre Majesté. Venir en personne au-devant d'une inconnue, pour être le premier à lui offrir la main, c'est la fleur de la galanterie ou je ne m'y connais pas. »

Et sans se soucier plus longtemps du roi, la fée passa devant lui et entra brusquement dans la salle :

« Belle fête, dit-elle, et digne de celle à qui on la donne. Il est seulement fâcheux que l'amitié qu'on porte à ma sœur, fasse oublier ce qu'on me doit, à moi qui suis l'aînée. N'importe, j'ai l'âme bien faite et ne me fâche pas pour si peu de chose. Où est-il, ce bel enfant ? Moi aussi, je veux lui faire mon cadeau. »

Et suivie du roi qui baissait la tête, de la reine qui tremblait comme la feuille, et de la fée du jour qui ne disait mot, la fée de la nuit entra dans la chambre où reposait le prince royal.

Elle s'approcha du berceau, regarda l'enfant qui agitait ses petits doigts, et lui mettant la main sur le front :

« Jacinthe, dit-elle, avec un accent solennel, je te donne l'esprit, la force et la beauté.

— Ah ! madame, s'écria le roi, qui retrouva soudain la parole, que vous êtes grande et magnanime ! Comment expier mon ingratitude et mon oubli ? Comment vous témoigner mon admiration et ma reconnaissance ?

— Roi des Gobemouches, reprit la fée en souriant d'une façon singulière, c'est ainsi que je me venge. Adieu.

— Quoi, madame, vous nous quittez ! dit la reine, fondant en larmes. Après tant de bienfaits, nous laisserez-vous le mortel regret de croire que vous ne nous avez pas pardonné.

— La fête est pour ma sœur, répondit sèchement la fée. Je me ferais scrupule de troubler sa joie. Adieu. »

Elle eut beau faire, elle ne put empêcher le roi et la reine de lui baiser les mains. Tous deux l'accompagnèrent jusqu'au pied du grand escalier, où l'attendait son char traîné par des hiboux. Quand elle eut disparu dans l'immensité des airs, le roi se jeta au cou de la reine et l'embrassa tendrement.

« Quel bonheur, s'écria-t-il, et quelle grandeur pour mon fils! L'esprit et la force! Le monde est à lui. Ceux qu'il ne séduira pas, il les écrasera; ceux qu'il ne pourra pas écraser, il les séduira. Lion et renard tout ensemble, ce sera le plus grand politique de notre immortelle dynastie. Heureux peuple des Gobemouches, prépare tes enfants et ton or; la gloire de ton prince éclipsera celle des Alexandres et des Césars.

— Et moi, dit la reine, je songe que sa beauté lui donnera tous les cœurs. Il aura pour lui toutes les femmes; chacune l'aimera; qu'y a-t-il de plus glorieux et de plus doux que d'être aimé? »

Tout en parlant de la sorte, ils s'aperçurent que la fée du jour ne les avait pas suivis. Courir auprès du jeune prince fut l'affaire d'un instant. Pour plaire à l'une des sœurs, il ne fallait pas risquer de blesser l'autre; on en avait senti le danger.

Penchée sur le berceau de l'enfant, la fée du jour regardait Jacinthe avec une tendresse maternelle. Elle avait l'air inquiet, elle fronçait le sourcil ; on eût dit qu'elle voyait dans l'ombre un ennemi, et qu'elle hésitait avant de le combattre; ni le roi ni la reine n'osaient parler, quand tout à coup la fée se redressa, et agitant sa baguette, fit trois cercles autour du berceau.

« Jacinthe, dit-elle d'une voix tremblante, pour que tu échappes aux piéges de ma sœur, je veux qu'à compter de ta seizième année, au jour et à l'heure qu'il me plaira de choisir...

— Arrêtez, madame, arrêtez, s'écria le roi ; mon fils est parfait, ne lui souhaitez rien, je vous en supplie.

— Je veux, reprit vivement la fée, qu'à compter de ta seizième année, au jour et à l'heure qu'il me plaira de choisir, tu sois changé en chien caniche.

— Mon fils, un chien ! mon enfant, un barbet ! s'écria la reine éplorée. Madame, par pitié, retirez cet arrêt fatal si vous ne voulez pas que je meure.

— Oui, dit la fée d'une voix sombre et lente, il le faut. Jusqu'à ce que Jacinthe reconnaisse la perfidie de ma sœur, il deviendra caniche chaque fois que je l'ordonnerai. Sachez que si vous révélez ce secret à l'enfant, deux heures après il sera mort et vous avec lui. Un jour Jacinthe me remerciera de ma bonté. »

Après ces mots la fée partit. Ni le roi ni la reine n'essayèrent de la retenir. Le prince des Tulipes était hors de lui.

« Si c'est là, disait-il, le présent d'une marraine, le ciel nous délivre de nos amis et nous conserve nos ennemis! J'ai toujours soupçonné que pour nous autres souverains la nuit valait mieux que le jour; j'en suis sûr à présent. Maudite fée...

— Taisez-vous, sire, disait tout bas la reine; si elle nous entendait, qui sait ce que serait sa vengeance? Résignons-nous; d'ici à quinze ans sa colère passera, et peut-être la ferons-nous revenir sur les menaces d'aujourd'hui.

En disant : « Résignons-nous, » la pauvre mère pleurait comme une fontaine; elle berçait l'enfant dans ses bras et l'embrassait tendrement, mais le cœur lui battait chaque fois que Jacinthe ouvrait la bouche : elle avait peur qu'il n'aboyât.

Pour comble de misère, il fallut rentrer dans la salle, présider au banquet, et faire bonne mine à tout le monde. Le sort jeté sur le prince royal était un secret d'État que personne ne devait pénétrer; le trône des Gobemouches était à ce prix. Les peuples obéissent volontiers à des lions féroces, à des loups dévorants, mais quel est celui qui serait assez lâche pour obéir à un chien qui ne mange personne, et surtout à un vil caniche, l'ami de l'aveugle et du mendiant? Céder à la force, c'est la tradition, cela a bon air; céder à la douceur, cela ne s'est jamais vu; il fallait, par tous les moyens, épargner au peuple des Gobemouches l'idée même d'une pareille humiliation.

CHAPITRE II

L'ENFANCE DE JACINTHE.

Quinze ans avaient passé depuis cette aventure mémorable, quinze ans, quinze siècles pour un peuple qui ne sait jamais la veille ce qu'il fera le lendemain, et qui oublie le lendemain ce qu'il a fait la veille. Après un règne non moins glorieux que celui de ses prédécesseurs, le roi des Tulipes avait été rejoindre au tombeau ses illustres ancêtres ; il était mort le jour même où Jacinthe achevait sa dixième année. Suivant la loi du pays, la reine avait pris la régence. Depuis cinq ans et plus elle gouvernait le peuple des Gobemouches. A en croire *la Vérité officielle*, le journal de la cour, jamais Sémiramis, Zénobie, Blanche de Castille, ni la sainte reine Isabelle n'avaient tenu d'une main plus ferme le timon d'un empire. Mais s'il est permis de le dire tout bas, les Gobemouches n'étaient pas contents et ils avaient raison. La reine avait toutes les faiblesses d'une femme et ne les rachetait par aucune de ces brillantes qualités qui font l'orgueil et la joie d'une grande nation.

Modeste, économe, pacifique, la pauvre reine conduisait son empire comme une bourgeoise soigne son ménage et son pot-au-feu. On vivait en paix avec tous les voisins, petits et grands ; on ne menaçait personne; on laissait chacun planter ses choux, filer sa laine, acheter, vendre, prier, agir et parler à son gré; enfin, par une fortune peu méritée, on avait chaque année un gros excédant de revenu qu'on employait platement à payer des dettes et à diminuer l'impôt ; est-il étonnant qu'un pareil régime révoltât la généreuse nation des Gobemouches? A cette noble cavale, il faut le cri de la trompette, le rantanplan des tambours, le vacarme des combats, la poussière des cirques, le bruit et l'éclat des spectacles, les hasards de la loterie; elle n'est pas faite pour vivre servilement de son travail, comme un cheval de ferme ou un bœuf de labour. Heureusement Jacinthe était là; Jacinthe, l'idole du peuple et l'espoir de la cour!

La fée de la nuit avait tenu parole. A la beauté, à la grâce d'Apollon, Jacinthe joignait la force du jeune Hercule. Son enfance annonçait déjà ce qu'il serait un jour. A dix ans il avait jeté deux de ses maîtres par la fenêtre; on ne l'avait calmé qu'en lui donnant pour précepteur un petit abbé borgne, boiteux et bossu, qui n'avait pas eu de peine à lui démontrer que tout n'est pas bien ici-bas et que l'homme d'esprit est celui qui n'admire rien, et prend en pitié la triste humanité. Grâce à cette forte éducation, Jacinthe, à quinze ans, n'avait ni timidité ni scrupules. Dans les salons de la cour il tenait tête à tout le monde, avec l'aplomb d'un philosophe qui a vu le fond des choses, et l'aisance d'un prince qui sait que tout lui est permis. Il parlait bataille aux avocats, justice aux financiers, religion aux médecins, économie aux courtisans, peinture aux belles dames, et tout cela d'un ton si sérieux et si ironique à la fois, qu'il démontait le plus hardi. Avec un pareil langage tout autre se serait fait haïr, mais Jacinthe était le filleul des fées; ses marraines lui donnaient tous les cœurs. D'ailleurs il avait la taille si mince et si souple, le pied si cambré, la main si fine, le regard tour à tour si doux et si insolent, qu'il n'était point de femme qui ne le proclamât le prince le plus charmant de la terre ; et dans le pays des Gobemouches ce que femme veut, Dieu le veut, ce que femme voit, elle le fait voir à son mari. Voilà pourquoi Jacinthe était adoré de son peuple et se moquait de lui.

Dans la royale maison des Tulipes, c'est à seize ans que commence la majorité des princes. Il n'est pas besoin de dire si l'on comptait les jours et les heures dans l'attente de cet événement désiré. L'impatience était d'autant plus vive que la reine venait d'être prise d'une manie qui diminuait encore le peu de respect qu'on lui portait. Elle avait acheté à grands frais une meute de chiens de toute taille et de tout poil et l'avait logée dans les appartements royaux. Les beaux esprits raillaient sans merci ce goût bizarre, les plus indulgents haussaient les épaules, et disaient tout bas, en souriant d'un air vainqueur, que les vieilles femmes aiment les bêtes, faute de mieux. Un jeune philosophe, en quête d'un système, saisit l'occasion aux cheveux et brocha là-dessus un gros livre qui lui permettait d'expliquer toutes choses avec une seule idée. A l'aide de l'anatomie, de la physiologie et de la biologie, il démontra par des raisonnements mathématiques que la reconnaissance est le cachet des races inférieures, un vice dont on se dépouille à mesure qu'on s'élève sur l'échelle de l'animalité. Tandis que le chien ne voit pas les rides du visage et lèche la main desséchée qui le nourrit, la femme est moins fidèle que le chien, les hommes sont plus égoïstes que les femmes, les princes plus oublieux que les hommes : preuve évidente que notre véritable supériorité sur le reste des animaux, c'est l'ingratitude. Écrit d'un style provoquant, le livre eut un immense succès qui dura ce que durent les systèmes et les roses : après huit jours on n'en parla plus.

Tandis que la foule ignorante et légère s'amusait à ces bourdonnements séditieux, la reine achevait un grand dessein politique. Poursuivie par un souvenir fatal, elle voulait adoucir les menaces qu'elle n'avait pu détourner. Reine et mère, elle entendait que si le prince son fils était condamné à devenir barbet, il restât au moins le roi de la race canine, et qu'il eût autour de lui, pour le servir, des chambellans et des valets.

Dans le vestibule qui conduisait aux appartements de Jacinthe, deux énormes mâtins gardaient la porte et tenaient les visiteurs en respect; quatre grands lévriers à la taille svelte, à la tête de serpent, faisaient le service de l'antichambre; deux beaux épagneuls, ornés de colliers d'or, occupaient le premier salon; et dans le cabinet du prince, sur un coussin de velours cramoisi, siégeait un braque qui jouait aux dominos.

C'est ainsi que, sans s'inquiéter des vains murmures d'un peuple téméraire, la reine, avec une prudence admirable, préparait tout pour cette crise qu'elle attendait en tremblant.

CHAPITRE III

DE L'ARITHMÉTIQUE POLITIQUE CHEZ LES GOBEMOUCHES.

Enfin elle arriva, cette heure solennelle où Jacinthe fut proclamé roi aux cris d'une foule enivrée. Rien ne manqua à cette auguste cérémonie. On fit de la musique à coups de canon et des discours à coups de ciseau, on couronna trente rosières qu'on se hâta de marier le jour même, on paya des mois de nourrice, on dressa vingt mâts de cocagne, on tira cinquante loteries, on déchaîna sur les places publiques tout ce qu'on trouva de trompettes, de trombones, de cimbales, de timbales, de tambours et de tam-tams ; ce tapage enragé a de tout temps charmé les Gobemouches. Pour eux le plaisir, c'est le bruit.

La reine était trop timide pour s'abandonner à cette joie populaire. Au sortir du couronnement, elle voulut que Jacinthe présidât le conseil des ministres, et que dès le jour de son avénement le jeune prince commençât son métier de roi.

Chacun sait que le peuple des Gobemouches, élevé religieusement depuis des siècles dans les principes de la plus pure scolastique, a un souverain mépris pour l'expérience, et ne croit qu'aux mathématiques, à la métaphysique, à la logique et à la rhétorique. Ses législateurs l'ont servi à souhait en demandant à la psychologie la forme de leur gouvernement. De même qu'il y a dans l'âme humaine trois forces distinctes et constitutives, la pensée, le discours et l'action, il y a chez les Gobemouches trois grands ministères, et trois ministres complétement étrangers l'un à l'autre. Le premier gouverne sans demander avis à personne, le second parle sans rien faire, le dernier donne des conseils que nul n'écoute. Grâce à cette ingénieuse séparation de pouvoirs, la raison pure est satisfaite, la logique est respectée, la métaphore triomphe, et rien ne gêne l'action incessante d'une paternelle autorité.

Quand le prince entra dans la salle du conseil, il y trouva les ministres qui allaient achever son éducation. Ces trois hommes d'État, qui ont laissé un grand nom dans les annales des Gobe-mouches, étaient le comte de Touche-à-Tout, le baron Géronte Pleurard et le chevalier Pieborgne, naguère la gloire du barreau, et depuis dix ans l'honneur de la tribune et l'avocat du gouvernement.

Touche-à-Tout était un petit homme, maigre, noir, fébrile, qui ne connaissait ni plaisir, ni repos, ni sommeil. On ne l'avait jamais vu ni rire, ni pleurer. Du matin au soir et du soir au matin, il signait, signait, signait. Tandis qu'il écrivait de la main droite, il sonnait de la main gauche, expédiant ordre sur ordre, instruction sur instruction, nomination sur nomination, dépêche sur dépêche, courrier sur courrier. On eût dit que sur lui reposait la machine ronde, prête à s'écrouler si cet infatigable petit homme cessait un instant de signer.

Le baron Géronte Pleurard était un grand vieillard maigre et chauve, avec un long nez et un menton qui n'en finissait pas. Il portait d'énormes lunettes bleues qui lui donnaient l'air d'un hibou, prenait du tabac toutes les cinq minutes, et ne pouvait dire un mot sans soupirer.

C'était un sage ; il ne pensait rien, ne disait rien, ne faisait rien qu'on n'eût pensé, dit ou fait avant lui. Il savait tout et ne doutait de rien. Aussi places et honneurs pleuvaient-ils sur cette tête infaillible ; les Gobemouches le considéraient comme le plus solide pilier de l'État.

Quant à l'avocat Pieborgne, c'était un joyeux compagnon qui respirait la force et la santé. Sa face épanouie, ses yeux moqueurs, son nez retroussé, ses grosses lèvres, son triple menton, tout annonçait un homme heureux de vivre et qui n'a aucune envie de se tuer pour la république. Les bras croisés, la tête haute, le regard insolent, il avait l'air d'un boxeur au repos.

Sur l'invitation du prince, chacun prit place autour de la table; le conseil commença. Touche-à-Tout avait devant lui des montagnes de paperasses qui le cachaient tout entier; le baron Pleurard tenait sur ses genoux un grand portefeuille vide; Pieborgne, que rien ne gênait, croisa les jambes, enfonça ses mains dans ses poches, et, la tête renversée en arrière, se mit à suivre des yeux les mouches qui tournaient en l'air.

« Sire, dit le comte de Touche-à-Tout, un ancien usage veut que chaque roi des Gobemouches inaugure son règne par l'exercice de son plus glorieux privilége, le droit de faire grâce. Voici une liste de quelques menus criminels, voleurs, faussaires, assassins, que nous supplions Votre Majesté de rendre à la liberté.

— Ai-je bien entendu, dit Jacinthe? Vous mettez les assassins parmi les menus criminels! quels sont donc les grands coupables?

— Les grands coupables, dit le baron Pleurard, ce sont ces hommes pervers qui abusent de leur esprit corrompu pour attaquer la religion, l'État, le prince et ses ministres. Un assassin ne fait qu'une victime, un pamphlétaire empoisonne toute une génération.

— Fort bien, dit le prince, je m'en rapporte à votre expérience et je signe.

— Sire, reprit Touche-à-Tout, l'usage veut aussi que Votre Majesté scelle de sa propre main ce premier acte de son règne, afin de constater qu'au prince seul il appartient d'ordonner. La cire est prête, voici les sceaux. »

Quand Jacinthe eut enfoncé le cachet dans la cire fondante, il regarda l'empreinte, et y vit l'image suivante :

« Qu'est-ce là ? demanda-t-il.

— Sire, répondit Touche-à-Tout, c'est le cartouche royal, l'emblème de l'auguste maison des Tulipes. Ces quatre mots cabalistiques se lisent de six façons différentes, et chaque fois ils expriment la grandeur des prérogatives qui appartiennent au prince. *Tout pour moi*, *moi pour tout*, *tout par moi*, *moi partout*, *partout pour moi*, *pour moi partout* : c'est la devise de la royauté.

— Que signifie l'anneau placé au milieu des quatre mots ?

— Sire, cet anneau qui n'en est pas un, est l'image symbolique de votre personne sacrée ; c'est un zéro.

— Un zéro ! dit Jacinthe en fronçant le sourcil. Pourquoi choisir un zéro pour me représenter ?

— Parce que Votre Majesté est la seule personne de son royaume qui ne soit pas numérotée, répondit Touche-à-Tout. Votre Majesté n'ignore pas que chaque Gobemouche reçoit en naissant un numéro qui ne le quitte jamais et le suit jusque dans la tombe.

— Admirable invention, continua le ministre en s'échauffant. Elle met l'ordre au sein du chaos, elle range sous la loi du nombre l'infinie variété de ces mille créatures, différentes d'âge, de sexe, de caractère, d'esprit, de fortune, qui fourmillent dans un grand pays. Elle réduit le gouvernement à un simple problème d'arithmétique. Que Votre Majesté en juge par elle-même. Voici mon état civil, ou mon cartouche pour parler comme la loi. »

Disant cela, Touche-à-Tout détacha du parement de sa manche une patte de drap, agrafée par deux boutons, et sur laquelle on avait brodé les chiffres suivants :

$$625, 5^{a}20^{d}, 3^{1}56.$$

« Est-il possible, continua-t-il, de dire plus clairement, plus énergiquement et plus brièvement, que je me nomme le comte de Touche-à-Tout, que je suis né au pays jadis appelé Fauconville, le 18 janvier (vieux style), de l'an du monde 7810, que je suis veuf avec un enfant, que je suis grand propriétaire et fonctionnaire du premier rang?

— Vous voyez tout cela dans ces neuf chiffres? demanda Jacinthe surpris et charmé.

— Que Votre Majesté veuille bien m'écouter un instant; elle connaîtra bientôt le plus ingénieuse combinaison qu'ait jamais inventée le peuple le plus spirituel de la terre.

« Autrefois, sire, sous le règne de votre illustre bisaïeul, le pays des Gobemouches était misérablement divisé en provinces, cantons, villes et villages, portant chacun un nom différent. L'année était partagée en mois, les mois en semaines et les semaines en jours; ces mois et ces jours avaient des noms particuliers; c'était une variété sans fin, une perpétuelle confusion. Il y avait là un encombrement de souvenirs historiques qui gênait de la façon la plus déplorable l'uniformité administrative. Nos pères, qui avaient l'esprit géométrique, ont fait table rase du passé; s'ils n'ont pu atteindre cette triomphante unité qui nous fuit, du moins ont-ils réduit en chiffres et du même coup, la géographie, l'almanach et l'état civil. C'est là une de ces découvertes que le monde nous envie, et qu'il n'a pas le courage de nous emprunter.

« Tout Gobemouche reçoit chaque année en payant l'impôt, une bande brodée de neuf chiffres qu'il doit constamment porter à son bras gauche, sous peine d'amende et de prison. De ces neuf chiffres, les trois premiers expriment l'*espace*, les trois suivants donnent le *temps*, les trois derniers, la *personnalité*. Que Votre Majesté considère les trois premiers chiffres de mon cartouche ; les signes 6, 2, 5 ne disent-ils pas clairement que je suis né dans la 6e province, 2e canton, 5e commune, c'est-à-dire au lieu jadis appelé Fauconville, comme l'indiquent les dictionnaires. Les chiffres suivants, 5^2.....

— Que veut dire 5^2? demanda Jacinthe.

— Sire, c'est notre façon d'écrire dix. Nous comptons par neuf afin de n'avoir jamais qu'un chiffre dans chacune de nos colonnes qui exprime un fait : et d'ailleurs ce serait un crime de lèse-majesté que d'employer le zéro, le chiffre royal. Les nombres 5^2, 2, 9^6, disent visiblement que la dixième année du siècle, à la seconde neuvaine (c'est le nom de notre semaine régénérée), et le neuvième jour, j'ai été inscrit le sixième sur le registre de l'état civil.

« Quant au nombre 3¹56, il indique le rang que j'occupe dans la famille et dans la société. Le chiffre 3¹ dit que je suis veuf avec un enfant. Je portais le chiffre 2 quand ma femme vivait, et le chiffre 1 avant mon mariage. Le 5 qui vient ensuite indique que j'appartiens à la cinquième classe qui est celle des grands propriétaires. Le numéro 1 est porté par les prolétaires, le numéro 2 par ceux qui ne payent que la capitation, le numéro 3 par les patentés, le numéro 4 par les petits propriétaires. Enfin le chiffre 6 annonce que je fais partie de la sixième classe qui est celle des fonctionnaires supérieurs. Les paysans ont le numéro 1, les ouvriers le 2, les marchands et fabricants le 3, les soldats portent le numéro 4, les fonctionnaires et les gendarmes le 5. Tout cela est d'une merveilleuse simplicité.

— Trop simple, dit le baron Pleurard en soupirant. L'ancien temps valait mieux. »

Pour toute réponse, Touche-à-Tout haussa les épaules, et s'adressant au prince :

« Ce n'est pas, dit-il, à un esprit aussi élevé que celui de Votre Majesté que j'ai besoin d'indiquer les innombrables avantages qui sortent de cette admirable simplification. Qu'un jeune homme veuille se marier, il n'y a pas besoin de renseignements sur son rang et sa fortune ; son numéro dit tout. Qu'une coquette essaye de cacher son âge, qu'un intrigant veuille s'en faire accroire, qu'un bourgeois fasse l'important, un mot suffit pour les mettre à la raison : Voyons votre numéro. Et puisque le beau idéal, l'objet et la fin d'un gouvernement est de conduire et de discipliner un peuple comme une armée, quoi de plus beau qu'un système où chacun est enrégimenté, numéroté, catalogué, poinçonné ? N'est-ce pas le triomphe de l'uniformité ?

« J'espère qu'on n'en restera pas là, et que Votre Majesté illustrera son règne en poussant la réforme jusqu'au bout. A quoi bon ces noms propres qui troublent la régularité administrative ? L'égalité ne s'accommode pas de ces distinctions surannées. De quel droit tel individu s'appelle-t-il Desrosiers, de la Framboisière, ou de la Chesnaye, tandis que tel autre s'appelle modestement Poireau, Pommier, ou La Pierre ? Quoi de plus simple que de dire : je suis : 734, 926, $2^{3}45$;

« Ma femme est 321, $9^{2}58$, $2^{3}45$;

« Et mon fils aîné 734, $7^{5}42$, 133.

« Au premier coup d'œil, les deux chiffres de la fin n'indiquent-ils pas la condition ? 33, c'est le fabricant patenté, 45 le fonctionnaire aisé, 56 le grand fonctionnaire ; quoi de plus ingénieux, quoi de plus clair ? Géographie, chronologie, biographie, statistique, finances : tout est résumé par cette merveilleuse arithmétique. C'est l'unité dans la science et dans l'État.

« Votre Majesté comprendra maintenant pourquoi le zéro est l'emblème de la royauté. Placée au-dessus de l'espace et du temps, la royauté est immortelle. Celui qui porte la couronne n'a pas de famille ; il est le père de ses sujets, et il n'a pas de fortune distincte, car tout ce que ses enfants possèdent lui appartient ; ils sont trop heureux de mettre à ses pieds leur argent, leurs forces et leur vie.

« La royauté est tout, et de ce côté encore le zéro en est l'emblème, car c'est la seule quantité que rien ne peut augmenter et que rien ne peut diminuer.

— Tout cela est fort ingénieux, dit Jacinthe, et je commence à comprendre le proverbe qui dit que, pour réussir dans ce monde, le tout est d'avoir un bon numéro. »

CHAPITRE IV

JACINTHE EST INITIÉ AU GRAND ART DE RÉGNER.

« Je demande à Votre Majesté de passer à l'expédition des affaires, continua Touche-à-Tout, en remuant ses dossiers. Il est heureux pour le pays que Votre jeune Sagesse s'arrache dès le premier jour aux plaisirs et aux fêtes, car l'administration n'attend pas. Depuis ce matin j'ai été obligé de faire cent nominations qu'il est urgent de signer.

— Cent places vacantes en six heures, dit Jacinthe, un peu étonné?

— Sans doute, Sire, répondit Touche-à-Tout, toujours griffonnant. D'après la dernière statistique nous avons 385,657 fonctionnaires payés, 15,212 surnuméraires et 12,525 aspirants surnuméraires. Cela fait un total de 413,394 employés qui se dévouent au service de l'Etat. En calculant une moyenne de cinq ans pour l'avancement, cela nous fait un total de 82 678,80 nominations annuelles, ou de 6889,90 nominations mensuelles, ou de 229,90 nominations journalières.

— C'est toute une armée, dit Jacinthe.

— Hélas! Sire, dit le baron Pleurard en levant les yeux au ciel, c'est bien peu. Ce peuple de mécréants est si fainéant, si revêche et si malicieux, que pour le faire marcher droit il faudrait deux fonctionnaires par chaque habitant, l'un pour l'obliger à travailler, l'autre pour l'obliger à se taire. On y viendra quelque jour! Fasse le ciel que ce ne soit pas trop tard et que la révolution... » Il soupira, ouvrit sa tabatière et regarda Jacinthe avec attendrissement.

« Sire, reprit Touche-à-Tout, j'ai pensé que l'avénement de Votre Majesté devait être signalé par quelques-unes de ces grandes œuvres qui immortalisent les princes et marquent dans la vie des peuples. Faire le bonheur de vos sujets et laisser un nom dans l'histoire, c'est, j'en suis sûr, la noble ambition de Votre Majesté.

— Vous m'avez compris, dit Jacinthe, flatté de cet exorde.

— Sire, continua Touche-à-Tout, vos ancêtres ont fondé un gouvernement aussi admirable par la solidité que par l'étendue : mais rien n'est fait tant qu'il reste quelque chose à faire. Déjà tout Gobemouche est dans nos mains sa vie durant. C'est à nous qu'il appartient de l'inscrire en naissant, de l'instruire, de le conscrire, de le conduire, de le punir, de le vacciner, de l'imposer, de l'administrer, de le marier, de le décorer et de l'enterrer. Mais entre sa naissance et sa mort que de fois il nous échappe! Que de lacunes à combler!

— O mon ami, s'écria le baron Pleurard avec des larmes dans la voix, que Dieu vous bénisse, vous et votre œuvre! Domptez cette race révolutionnaire ; ôtez-lui la possibilité de faire le mal, ne lui laissez que la liberté de faire le bien.

— Voici, dit Touche-à-Tout, quelques petits projets de loi qui répondront aux nobles désirs de mon vertueux ami. »

Et il lut ce qui suit :

INSPECTION UNIVERSELLE DES JEUNES GOBEMOUCHES DE UN A DIX ANS.

Jacinthe, par la grâce du sort et la protection des fées, roi des Gobemouches, prince de Badauderie.

duc de Vanité, etc., à tous présents et à venir, salut.

Considérant que l'État n'est pas fait pour le citoyen, mais que le citoyen est fait pour l'État, par cette raison décisive, autrefois donnée par le grand Aristote, que le tout est plus grand que la partie et que théoriquement il existe avant elle;

Considérant que les pères et mères de famille sont des fonctionnaires, chargés de fabriquer pour le compte de l'État les futurs contribuables, les administrés et les conscrits de l'avenir;

Considérant que l'État a non-seulement le droit mais le devoir de s'assurer que les produits de cette fabrication ne sont ni altérés ni affaiblis par une mauvaise manutention, et que de là résulte pour un bon gouvernement l'étroite obligation de surveiller tous les enfants, qui seront un jour la force et la richesse du pays;

En vertu de notre certaine science, pleine puissance et autorité royale, avons ordonné ce qui suit:

Article 1er. — Il est créé un inspecteur et une inspectrice pour chacun des cantons de l'État, soit 66,666 inspecteurs et inspectrices de second degré pour les 33,333 cantons de notre obédience.

Art. 2. — Il est créé 3,000 inspecteurs et inspectrices de premier degré pour inspecter les 66,666 inspecteurs et inspectrices de second degré.

Art. 3. — Il est créé 300 inspecteurs généraux pour inspecter les 3,000 inspecteurs de premier degré.

Art. 4. — Chacun des inspecteurs et chacune des

inspectrices de second degré passera en revue, dans le cours de chaque mois, tous les petits garçons et toutes les petits filles du canton. Ils tiendront la main à ce que les parents, les bonnes et les nourrices exécutent de point en point, sous peine d'amende et de prison, les règlements qui prescrivent la façon d'allaiter, nourrir, désaltérer, lever, coucher, débarbouiller, peigner, brosser, habiller, déshabiller, chausser, déchausser, amuser, promener les jeunes citoyens et les jeunes citoyennes. Ils soumettront à l'examen le plus minutieux ces jeunes administrés, ils noteront l'état de leurs dents, la fraîcheur de leur peau, la longueur et la couleur de leurs cheveux, la propreté de leurs ongles; ils les pèseront, l'un après l'autre, dans la balance réglementaire, afin de s'assurer s'ils gagnent ou perdent en embonpoint, enfin ils répondront exactement aux trois cent vingt-cinq questions contenues dans le tableau statistique qui sera joint à la présente ordonnance.

Art. 5. — Les rapports mensuels seront envoyés dans les huit jours à l'inspecteur de premier degré, qui y joindra ses observations et adressera le tout à l'inspecteur général qui y joindra ses observations et adressera le tout au ministre; après quoi, tous ces rapports, soigneusement cotés et paraphés, seront déposés aux archives de l'État pour servir à l'édification des générations futures.

Fait en notre palais des Violettes et en notre bonne ville de Plaisir-sur-Or, le..., etc.

« Vous croyez donc, dit modestement Jacinthe, que les mères n'aiment pas assez leurs enfants, pour les bien élever ?

— A Dieu ne plaise que je profère un pareil blasphème ! s'écria Touche-à-Tout. Le cœur d'une mère est un trésor, l'instinct maternel est le plus sublime des instincts. Le tout est de le régler et de le soumettre à une direction sagement politique. Il faut à tout prix éviter le fléau des monarchies, la peste de l'individualisme. Si nous laissons les familles élever à leur gré nos futurs administrés, si nous livrons au caprice maternel ou paternel la fleur de notre empire, c'en est fait de l'uniformité. Les fondements de l'État sont ruinés. Que peut-on commander à un peuple plus bigarré que l'habit d'Arlequin ! Si au contraire nous suivons les solides préceptes de Lycurgue, de Platon, de Morus, de Fénelon, tous nos sujets se ressembleront à un tel point qu'on ne pourra plus les distinguer l'un de l'autre. Mêmes habits, même coiffure, même docilité, même obéissance ; on ne dira plus la nation, mais le régiment des Gobemouches. Quel idéal !

— Cher collègue, dit Pleurard, vous ne parlez que du corps ; que faites-vous pour uniformiser les âmes? Songez-y, l'esprit est satanique; c'est là que niche la révolution.

— Mon cher baron, répondit Touche-à-Tout, d'un air pincé, vous avez peu de mémoire. Oubliez-vous que l'enseignement nous appartient? Grâce à une police admirable, il n'est pas de jeune Gobemouche qui ne reçoive de nos mains sa pâture intellectuelle, soigneusement purgée de tout levain révolutionnaire. Nous avons une morale, une philosophie, une histoire, une vérité officielle; tout ce petit peuple vit d'une même pensée et c'est la nôtre. Comment échapperait-il à l'influence de cette atmosphère tempérée dont nous l'environnons?

— Et cependant, dit Pleurard, ces saints que vous élevez deviennent plus tard des enragés qui regimbent sous l'aiguillon, et qui ne respectent guère ceux qui les ont dressés.

— La faute en est à la corruption du monde et à l'absence de centralisation, reprit Touche-à-Tout, mais à ce fléau il y a un remède, nous allons l'appliquer. Écoutez et jugez : »

NOUVEAU PROJET DE LOI SU LA POLICE DES JOURNAUX ET DES LIVRES.

Jacinthe, par la grâce, etc.

Considérant que la vérité est le premier bien de l'homme, le principal élément de sa vertu et de son bonheur ;

Considérant que le devoir du prince est d'abreuver son troupeau à cette source pure, en l'éloignant des sentiers fangeux de l'erreur;

Considérant qu'au début de la civilisation, quand la vérité n'était pas connue, il a pu être bon de laisser les hommes la chercher à leurs risques et périls, mais qu'aujourd'hui, quand la vérité absolue est découverte, une pareille licence ne serait plus que le privilége de s'égarer et d'égarer les autres ;

Qu'il appartient au gouvernement, toujours infaillible, de dispenser seul la vérité, puisque seul il en a la possession ;

Considérant enfin que la vérité est une et que l'erreur est multiple, que la vérité réunit les hommes et que l'erreur les divise, et que par conséquent c'est surtout dans le domaine des idées qu'il est sage et politique d'établir une entière uniformité,

En vertu de notre certaine science, pleine puissance, etc., avons ordonné ce qui suit :

ARTICLE 1er. — Il n'y aura plus dans nos États qu'un seul journal, *la Vérité officielle.*

Art. 2. — Tous les contribuables seront tenus de s'y abonner et d'en faire leur nourriture quotidienne, le matin ou le soir.

Art. 3. — Pour s'assurer de leurs progrès dans la connaissance de la vérité officielle et de leur parfaite conformité, il sera créé 33,333 inspecteurs dans les 33,333 cantons de l'État.

« Passez, passez, dit Jacinthe en bâillant : je connait déjà vos échelles d'inspecteurs.

— Système ingénieux, s'écria le baron Pleurard, mais qui nous laisse encore bien loin de l'admirable police des Japonais. C'est dans cet heureux pays, que la loi, se méfiant avec raison de la malice innée des hommes, fait de chaque individu le surveillant, le témoin et le juge de son voisin. L'inspection de chacun par tous et de tous par chacun, voilà l'idéal du gouvernement unitaire ; y atteindrons-nous jamais?

— Je continue, dit sèchement Touche-à-Tout.

Art. 4. — Il sera créé, par les soins du gouvernement, une *Bibliothèque officielle* contenant tous les chefs-d'œuvre de l'esprit humain, soigneusement revus, corrigés et expurgés. Cette édition seule aura cours dans l'empire ; toutes les éditions précédentes seront exportées ou détruites dans l'espace d'une année, sous peine d'amende et de confiscation.

— Cher collègue, interrompit le baron, malgré toute l'admiration que j'ai pour votre génie, permettez-moi de parler en toute franchise : Vous aimez trop la liberté.

— Un pareil soupçon...! dit Touche-à-Tout...

— Oui, cria le baron, il y a en vous du vieil homme, vous n'avez pas cette logique solide qui pousse les principes jusqu'au bout. Puisque le Gouvernement possède toute la vérité, quel besoin a-t-il de la livrer au vain jugement de la foule? La curiosité est hérétique, l'instruction est diabolique et révolutionnaire. Toute lecture est un poison; le peuple le plus heureux est celui qui lit le moins, le peuple le plus vertueux est celui qui ne lit pas du tout.

— Ce n'est pas mon avis, dit Touche-à-Tout; je crois au contraire qu'un souverain s'honore en protégeant les lettres et les arts. Toute la question est de les régler avec douceur, et d'en faire un instrument de morale et de gouvernement. La littérature fait la joie des Gobemouches, je ne veux pas les priver de ce plaisir innocent; tout au contraire, je crois que le rôle d'un prince est celui de Mécène, ou mieux encore d'Auguste, payant les aimables chansons d'Horace et les innocentes géorgiques de Virgile.

Art. 5. — Pour encourager les lettres et faire éclore le génie, il est fondé deux grands prix annuels, l'un de poésie et l'autre d'éloquence.

Le sujet du prix d'éloquence sera un discours sur cette belle question : *Quel est aujourd'hui le premier peuple de la terre?* Pour le prix de poésie, on propose un dialogue entre deux bergers : *Sur la nouvelle étoile qui vient de poindre dans le ciel des Gobemouches.*

— Vous êtes un imprudent, cria le baron ; vous jouez avec le feu, vous êtes un révolutionnaire sans le savoir, c'est la pire espèce des révolutionnaires. Le danger n'est pas dans le sujet proposé, il est dans la démangeaison d'écrire que vous inoculez à un peuple vaniteux. Vous déshonorez l'innocence et la simplesse, compagnes ordinaires de l'ignorance. Vous encouragez la curiosité, la subtilité, le savoir, qui traînent à leur suite la malice, l'orgueil et la rébellion. Dans un pays bien réglé, quel besoin y a-t-il de ces frelons littéraires? Il ne faut que des laboureurs, des fonctionnaires et des soldats.

— La séance est-elle finie? demanda Jacinthe, déjà fatigué.

— Non, Sire, répondit Touche-à-Tout ; le rôle

de souverain est plus lourd que Votre Majesté ne le suppose. Pour maintenir en bonne santé ce peuple malade, ce n'est pas trop de quarante mille lois ou ordonnances par an; mais Votre Majesté peut abréger ce labeur pénible en s'en rapportant à notre prudence, et en signant, sans les lire, ces papiers que je soumets à sa sagesse et à ses lumières. Voici par exemple un petit règlement en cent soixante-quinze articles sur la police des jardins royaux, qui n'est qu'une codification des quarante-trois ordonnances rendues depuis vingt ans. On y retrouve l'exclusion des gens mal vêtus, des chiens vagabonds, etc., etc. Il n'y a de nouveau que l'article 37, inséré sur la demande de l'honorable baron, et ainsi conçu :

Nul sapeur ne sera reçu dans un jardin royal s'il n'est porteur d'un certificat de bonne vie et mœurs, d'un permis de se marier délivré par le colonel, le tout timbré et enregistré conformément à la loi.

— Pourquoi cela? demanda Jacinthe.

— Sire, c'est une satisfaction donnée à la morale; le baron vous l'expliquera.....

— Donnez, donnez, dit le prince, je signe de confiance. »

Et d'une main fiévreuse, il signa, sans les regarder, tous les papiers que le ministre lui présenta. Quand ce monceau de dossiers eut enfin disparu, Jacinthe poussa un soupir, et s'écria avec la joie d'un écolier qui entre en vacances : « Messieurs, il n'y a plus rien à l'ordre du jour ; à demain les affaires sérieuses ! »

CHAPITRE V

L'AVOCAT PIEBORGNE ENSEIGNE A JACINTHE LE JEU DE L'ÉLOQUENCE POLITIQUE EN QUINZE POINTS.

« Causons librement, continua le jeune prince. A ce que je puis voir, l'art de gouverner ressemble beaucoup à l'art de faire danser les marionnettes. Tout le secret consiste à attacher partout des fils invisibles, et à les tirer à propos.

— Sire, cria le baron d'une voix chevrotante, laissez-moi pleurer de joie et d'admiration. D'un mot vous avez défini la politique administrative, la seule politique qui soit digne de ce nom. Jamais on n'a fait une plus belle et plus juste comparaison.

— C'est mon humble avis, dit Touche-à-Tout ; seulement ici la scène est si vaste et les acteurs si nombreux et si mobiles, qu'au-dessous de la volonté qui commande il faut des milliers de mains qui obéissent.

— Vous oubliez, dit gracieusement Jacinthe, qu'il faut aussi des esprits sages et prudents pour éclairer cette jeune volonté : c'est à moi de m'en souvenir. Je vous remercie des conseils et de l'appui que vous voulez bien me donner ; je regrette seulement que M. le chevalier Pieborgne nous ait tenu rigueur par son silence ; il ne nous a pas permis d'entendre cette voix éloquente qui fait l'admiration des Gobemouches.

— Sire, répondit l'avocat en se levant, et en tournant sa chaise devant lui pour s'en faire une tribune, je ne parle jamais au Conseil ; ce qui s'y passe ne me regarde point ; je n'ai pas écouté un mot de la discussion.

— Mais, dit le jeune prince un peu surpris, ne devez-vous pas défendre ces lois devant notre parlement ?

— Sans doute, Sire, reprit Pieborgne, c'est précisément à cause de cela que j'ai grand soin de ne jamais m'inquiéter de ce qu'elles disent. Si, ajouta-t-il en criant à pleine poitrine et en frappant à coups redoublés sur le dossier de la chaise, si je solidarisais mon opinion avec celle du ministre législateur, il pourrait advenir ceci : c'est qu'à l'occasion, si le ministre changeait d'avis, ces irrésistibles préoccupations brouilleraient le fil serré de mon argumentation.

— Quelle langue parlez-vous? demanda Jacinthe.

— Sire, c'est le charabia parlementaire. Nous avons besoin de ce patois pour faire défiler nos petites idées derrière ces mots énormes et ronflants qui charment un peuple dont l'enfance a été bercée par le bruit des cloches et des tambours. Mais pour être agréable à Votre Majesté, il n'est rien que je ne fasse, et, si elle le désire, je parlerai comme un simple mortel.

— Ayez la bonté de me répondre sérieusement, reprit le jeune prince. Comment osez-vous dire que vous soutiendrez une loi que vous n'avez même pas lue?

— A Dieu ne plaise que je manque de respect à Votre Majesté! s'écria Pieborgne, je parle avec toute la gravité d'un avocat. Votre Majesté me rendra bientôt justice. Voici tout le secret de l'éloquence, ajouta-t-il, en jetant sur la table un jeu de cartes; je me fais fort d'enseigner en une heure l'art de séduire et de conduire tous les Gobemouches passés, présents et futurs.

« Veuillez remarquer, Sire, que ce jeu représente toute la rhétorique. Chacune de ces cartes contient un argument. Voyez ces trois perruques superposées : C'est *la sagesse et l'expérience de nos pères, le bon sens de nos aïeux, la prudhomie du vieux temps*. Cette femme aux yeux bandés, qui tient un niveau de travers, c'est *la loi sainte, la loi irrévocable à laquelle nul ne peut toucher sans impiété*. Cette trompette d'où sortent les mots : *Honneur, vertu, patriotisme, morale*, personnifie les ministres et toute cette armée administrative, dont les infaillibles soldats sont plus nombreux que les étoiles du ciel et les sables de la mer. Regardez cet enfant qui ne veut pas dire A parce qu'on lui ferait dire B, c'est l'heureuse simplicité et la sainte ignorance. Cette tête de Méduse toute coiffée de serpents, c'est le calomniateur, l'homme suspect de mauvais desseins, l'ennemi de l'État, en un mot, celui qui n'est pas de notre avis. Ce puits représente l'abime de perdition où le dragon révolutionnaire attend pour le dévorer à belles dents le premier téméraire qui osera bouger. Sur ce drapeau est écrit : *Qui nous attaque attaque le gouvernement*. Voici le spectre de l'anarchie, avec l'échafaud dans le lointain ; cette coupe empoisonnée, croisée d'un poignard et d'une torche, c'est la presse, chacun l'a reconnue. Admirez cette coquette qui se regarde dans un miroir, et dit : *Tout le monde m'envie*, c'est l'heureuse nation des Gobemouches. Ce bœuf couché, qui rumine en mugissant : *Pourquoi changer quand on est bien?* est l'emblème de ces gens solides et pratiques, à qui une fortune conquise donne le goût du repos. Sur cette carte est un escargot avec la devise : *Festina lente*; sur cette autre est un billet doux dont le cachet porte : *Pas aujourd'hui, plus tard!* Voyez-vous ces bêtes fantastiques : griffons, chimères, hippogriphes, sphinx, ce sont les théories, les visions, les utopies de tous ces rêveurs, qui troublent le sommeil des peuples. Viennent enfin les quatre as : *cœur*, la religion : *carreau*, la morale : *trèfle*, le gouvernement : *pique*, l'ordre social ; et enfin voilà le Quinola, le premier des honneurs, la maîtresse carte, c'est une figure embéguinée dont on ne voit ni la taille, ni le visage, et qui s'appelle *la sage liberté*.

« Maintenant, Sire, battez, coupez, je me fais fort, en appelant ces cartes au hasard, de prononcer un discours ministériel qui vaudra tous ceux qu'on a applaudis depuis cent ans.

— Tout ceci est sans doute ingénieux, dit Jacinthe un peu intrigué, mais encore faut-il que vous parliez de la loi, pour laquelle vous plaidez.

— Je suis désolé de m'être si mal expliqué, répondit Pieborgne. La vertu de ces cartes ou de ces belles généralités, est telle, qu'on peut attaquer ou défendre tout ce qu'on voudra, et gagner sa cause, sans regarder son dossier. Que Votre Majesté veuille bien me mettre à l'épreuve, qu'elle pense une loi, que chacun de mes honorables collègues en fasse autant de son côté, je me charge à l'instant de défendre contre les attaques de l'opposition, et par un même discours, ces trois lois dont je ne connais pas le premier mot. J'ose même espérer que Votre Majesté ne sera pas mécontente de cette petite expérience. Sans vanité, j'ai mis à profit les leçons de feu Cicéron, et je ne me crois pas plus maladroit que mes illustres devanciers.

— Soit, dit le prince, j'ai pensé une loi ; plaidez.

— Et surtout, ajouta le baron, ne battez pas les buissons pour préparer à loisir votre improvisation.

— Baron, dit Pieborgne, vous me connaissez mal. Ai-je jamais réfléchi avant de parler ? Attention, la chambre est émue par la parole brûlante du plus habile orateur de l'opposition ; le projet ministériel est compromis, on propose une réforme hardie ; je monte à la tribune, et je débute modestement, suivant les règles de l'art. Cher Pleurard, étalez les cartes sur la table. Très-bien, voici mes arguments en ligne ; le défilé va commencer.

« Messieurs,

« J'ai écouté avec une attention soutenue le discours de l'honorable préopinant. Je l'avouerai loyalement, jamais l'habile orateur ne s'est élevé plus haut ; il s'est surpassé lui-même. Je ne serais pas un Gobemouche si j'avais pu résister à cette éloquence torrentielle qui vous entraîne et vous emporte aux plus hauts sommets de l'idéal ; mais le devoir de l'homme d'État est de s'arracher à ces enchantements ; il ne consulte et n'écoute que la froide raison. Passé à ce creuset, je ne crains pas de le dire, le discours de mon honorable adversaire ne soutient pas l'épreuve ;

je n'y vois que l'abus profondément regrettable d'un incomparable talent.

« Quel est, en effet, le système que l'honorable préopinant oppose aux sages projets du gouvernement? Je le définirai d'un mot : c'est l'innovation, ou pour l'appeler de son vrai nom, la Révolution.

— Bravo! cria Pleurard ; écrasez l'infâme, mon bon ami, écrasez l'infâme !

— Nierez-vous, continua Pieborgne en s'échauffant, nierez-vous que les idées que vous défendez soient nouvelles? Non, vous vous faites gloire de leur nouveauté : mais franchement, croyez-vous qu'il y ait des découvertes à faire en politique, dans ce ménagement des intérêts publics qui n'est que l'application de l'expérience et du bon sens? Si la mesure que vous proposez était salutaire, pensez-vous qu'elle eût échappé à la sagesse et à l'expérience de nos pères, au bon sens de nos aïeux, et, je ne crains pas d'employer ce mot gothique, à la prudhomie du vieux temps? Quoi! ces vénérables fondateurs de nos institutions auraient passé à côté de ces grandes idées sans les voir, et c'est à nous, fils dégénérés de si glorieux pères, qu'était réservé le privilége de la découverte? Soyons modestes, Messieurs, la vanité ne convient guère à un pays tant de fois bouleversé par les révolutions. Au milieu de ces ruines entassées sur des ruines, une seule chose est restée debout : c'est la loi, la loi, saint héritage de nos ancêtres que nous devons transmettre intact à nos enfants. Réparer les injures du temps, ramener la loi à sa pureté primitive, comme le gouvernement le propose, c'est une œuvre d'amour filial, renverser cette colonne qui supporte tout, c'est de l'impiété, c'est un sacrilége. Vous n'avez pas le droit de rompre avec le passé.

« Qu'y a-t-il d'ailleurs au fond de cette mesure? Rien qu'un sentiment de méfiance contre le gouvernement de Sa Majesté. Ce n'est pas le peuple que vous voulez affranchir, vous le savez bien ; votre but, c'est d'asservir les ministres et l'administration. Et de quel droit? Je comprends les précautions quand on craint un danger ; mais, j'en appelle à l'impartiale majorité de cette chambre, à cette majorité courageuse, éclairée, modeste, qui depuis si longtemps défend avec nous l'ordre social. Est-ce que l'opposition a par hasard le monopole de la vertu, de l'honneur, du patriotisme, de la morale? Est-ce que le patriotisme de la majorité, est-ce que le dévouement des ministres n'est pas la première et la plus solide des garanties?

— Très-bien, dit Touche-à-Tout.

— Non, la chambre ne se laissera pas séduire par ces décevantes illusions. Si aujourd'hui elle avait la faiblesse de céder, demain les mêmes hommes, enivrés de leur triomphe, lui apporteraient des réformes qu'elle essayerait en vain de repousser. Si vous ne résistez dès le premier pas, quand vous arrêterez-vous, Messieurs? Quand il sera trop tard, quand on vous aura lancé sur une pente qui conduit fatalement et irrésistiblement à l'abîme des révolutions. On essaye de vous rassurer en vous disant que ces réformes sont innocentes, qu'elles font loi depuis longtemps chez les peuples voisins, qu'elles répandent partout la richesse et la prospérité. Ce sont là, Messieurs, de vieux sophismes qui n'ont jamais trompé vos devanciers. Les Gobemouches sont le premier peuple de la terre, le monde les envie; nous sommes les aînés de la civilisation, nous sommes le modèle des nations, c'est à elles de nous imiter, ce n'est pas à nous de marcher à la suite de peuples arriérés. Je repousse ces cadeaux suspects, la main qui nous les offre ajoute à mes craintes, et d'ailleurs je le dis franchement, loyalement, en vrai Gobemouche, j'aime mieux me tromper avec mon pays que d'avoir raison avec l'étranger.

— Bravo! dit le baron en pleurant ; c'est du patriotisme, ou je ne m'y connais pas.

— Soyons logiques, continua Pieborgne. Est-ce que nous ne sommes pas heureux? Est-ce que le talent n'est pas à sa place? Est-ce que le revenu de l'impôt, est-ce que les dépenses utiles n'augmentent pas chaque année? Est-ce que des milliers d'étrangers, rendant hommage à notre supériorité, ne viennent pas chaque hiver échanger leur or contre nos plaisirs et nos fêtes? Est-ce que nous ne fournissons pas le monde entier de nos modes et de notre esprit? Est-ce que les peuples les plus barbares ne se font pas gloire de venir à notre école, et de copier notre administration? Pour plaire à quelques ambitions chagrines et jalouses, faut-il renverser ce glorieux édifice qui abrita nos ancêtres et qui protégera nos descendants?

« Ce n'est pas le gouvernement que vous

attaquez, dites-vous, ce sont les ministres. — Je connais de longue main cette distinction perfide, elle ne trompera personne. Plût à Dieu, Messieurs, qu'il en fût ainsi! Plût à Dieu que les ministres seuls fussent menacés par l'opposition! Parmi ces hommes qu'on traite avec tant d'injustice, il n'en est pas un seul, croyez-le bien, qui n'échangeât avec joie les soucis et les amertumes de la vie publique contre le repos et les douceurs de la vie privée. Si le devoir les retient au poste le plus périlleux, c'est qu'ils savent par expérience où s'adressent les coups de l'opposition. On attaque les ministres pour saper l'autorité; on déverse sur nos têtes le mépris, l'injure, la calomnie pour traîner et noyer le gouvernement dans la boue. Ce qu'on veut, c'est abattre les défenseurs, les soldats de l'ordre public, afin de livrer une fois encore un peuple crédule à toutes les misères de l'anarchie, à toutes les abominations de l'émeute et de la guerre civile. Mais que l'opposition en fasse son deuil, nous ne jouerons pas son jeu. Gardiens de la société, fiers du dépôt qui nous est remis, plus fiers encore de la confiance qu'un prince illustre veut bien nous témoigner, jamais les menaces et les violences des partis n'ébranleront notre dévouement. Tant qu'il nous restera des forces et de la voix, nous ne permettrons pas qu'on sépare la cause de l'administration et la cause du pays. Sans ambition comme sans faiblesse, nous combattrons avec énergie, décidés à ne jamais résigner notre place, et bien convaincus que défendre notre portefeuille, c'est défendre en même temps la société, le prince et l'État.

— Vraiment le drôle a du talent, murmura Touche-à-Tout, toujours signant.

— On parle d'aveugle résistance, d'obstination, d'entêtement, continua Pieborgne d'un ton ému et sentencieux ; croit-on que ce reproche nous atteigne? Est-on aveugle parce qu'on éclaire sa route? est-on obstiné parce qu'on est prudent? Nous ne voulons rien précipiter, parce que nous craignons les conséquences ; il n'y a que l'ambition et la témérité qui marchent sans savoir où elles vont. On dit que nous ne sommes pas libéraux ; je repousse cette accusation comme un outrage. Je déteste les innovations, je ne m'en cache pas, mais j'aime les améliorations. Je crains les réformes subites, l'histoire m'a appris où elles mènent les nations : ma devise est celle du poëte :

Le temps respecte peu ce qu'on a fait sans lui ;

mais je suis partisan du progrès modéré, qui se fait pas à pas sous la direction et l'influence du gouvernement. Autant que personne, j'honore la liberté de la presse, j'y vois le palladium de la Constitution, mais j'abhorre la licence des journaux ; je ne veux pas qu'on empoisonne le peuple ; je ne veux pas qu'on assassine l'innocence ; la vérité éclaire, elle n'incendie pas.

« Que la Chambre me permettre une dernière réflexion qui, sans doute, n'a pas échappé à son esprit pratique et à son bon sens. Toutes ces réformes qu'on nous propose sont trop belles pour être faisables. Ce sont des utopies ! En théorie, cela est magnifique, mais vienne l'application ! Si la sagesse de la Chambre n'était pas là pour écarter toutes ces chimères, les premières victimes de ces essais téméraires seraient ceux qui les proposent. Nous les sauvons de leur propre folie.

« Et puisque l'opposition ne nous ménage pas les conseils, qu'elle me permette de lui donner un avis. Au lieu de réformer l'État, la Constitution, l'administration et toutes ces admirables institutions qui font le désespoir de nos rivaux, que l'opposition se réforme elle-même ; la besogne ne lui manquera pas. Qu'elle renonce aux injures, aux violences, aux calomnies : qu'elle ne nous fatigue plus de ses théories chimériques ; qu'elle ne nous jette plus à la tête ces importations étrangères qui révoltent notre patriotisme ; qu'elle n'ébranle plus la morale et la religion, le gouvernement et l'ordre social, et je lui promets que le jour où les partis auront abdiqué, le gouvernement, débarrassé de tous les obstacles qui paralysent ses généreuses intentions, sera le premier à laisser le bon peuple des Gobemouches jouir en paix d'une sage et féconde liberté.

— Bravo ! mon ami, dit le baron. Sauf une détestable concession à cette abomination révolutionnaire qu'on nomme la presse, votre discours est un chef-d'œuvre d'éloquence et de vérité.

— Sire, dit Pieborgne d'un ton modeste, j'attends le jugement de Votre Majesté.

— Monsieur le chevalier, je vous félicite, répondit Jacinthe ; il me semble difficile d'énoncer des idées plus justes et de les défendre avec plus de bons sens, de modération et de talent.

— Eh bien! Sire, dit joyeusement l'avocat, si Votre Majesté le permet, je vais à l'instant même réfuter point pour point ce discours; je n'en laisserai pas sur pied une syllabe. Je prouverai que tous ces arguments sont creux et ridicules, qu'ils ne sont bons que pour amuser les Gobemouches. Je vois que Votre Majesté hésite ; elle craint, sans doute, que je sois fatigué ; qu'elle se rassure, je parle six heures sans tousser. Plaider, crier, gesticuler, c'est mon bonheur, c'est ma joie, c'est ma vie. Je commence. Battons le fer quand il est chaud.

« Messieurs,

« L'honorable ministre, qui descend de cette tribune, a parlé, avec une indulgence extrême, de ce qu'il veut bien appeler mon éloquence. Certes, il est permis d'être fier d'un pareil témoignage. Si la politique me sépare de mon ancien et illustre confrère, elle ne me rend pas injuste, elle ne m'empêche pas de reconnaître en lui un des maîtres de la parole, le Démosthène, le Cicéron des Gobemouches !

— Peste! dit le baron, les loups ne se mangent pas entre eux.

— Non, sans doute, dit Pieborgne, riant à belles dents. On est avocat avant tout, confrère à la vie à la mort, cela n'empêche pas de se mordre l'un l'autre, comme deux chiens enragés. Attention! la danse va commencer.

Et dressant son bras comme s'il menaçait un ennemi invisible, Pieborgne continua d'un ton solennel :

« Je regrette seulement qu'après une appréciation si favorable de mon langage, l'honorable ministre se fasse une si pauvre idée de mon bon sens. Croit-il m'avoir ébloui par cette rhétorique banale, renouvelée des Grecs et des Romains? Suppose-t-il qu'il imposera au parlement par cette fantasmagorie puérile? En vérité, traiter si légèrement les représentants du pays, c'est leur manquer de respect.

« A toutes nos demandes de réforme, on oppose la sagesse et l'expérience de nos pères. Que signifient ces grands mots? Veut-on dire que d'ordinaire les pères en savent plus que leurs fils, parce qu'ils ont plus longtemps vécu? Non ; cette vérité triviale n'a rien à faire ici. Ce qu'on évoque, pour nous imposer silence, ce sont ces vénérables ancêtres qui, depuis deux ou trois siècles, reposent dans la poussière du tombeau. Mais franchement, si la sagesse, si l'expérience sont le fruit de la vie et du temps, il est trop visible que ce n'est pas à nos devanciers qu'appartiennent ces précieuses qualités, c'est à nous, venus les derniers sur la scène, à nous qui joignons notre expérience à celle que nos aïeux nous ont laissée. Eloignés de l'enfance du monde, c'est nous qui sommes les plus âgés, c'est nous qui sommes les anciens ; et, j'en demande pardon à l'honorable ministre, exalter le passé pour en étouffer le présent, c'est donner à la jeunesse et à l'inexpérience les priviléges de la maturité.

— Hérésie! hérésie! cria Pleurard, en levant les mains au ciel. Tout a dégénéré depuis le premier jour de la création.

— « La sainteté, l'immutabilité des lois, autant de mots solennels et pompeux qui, trop souvent, ne servent qu'à voiler la laideur des abus! Si la loi est bonne, il faut la garder; si elle est mauvaise, il faut la changer; voilà ce que dit la sagesse et l'expérience. Tout le reste n'est bon que pour amuser la crédulité des niais, ou pour aider les habiles gens qui vivent de l'innocence d'autrui. Est-ce qu'il y a des lois immuables pour une société qui vit, c'est-à-dire qui change et se modifie sans cesse? Est-ce qu'on peut momifier un peuple? Quoi donc! nous à qui appartient aujourd'hui la terre, nous qui créons et qui consommons la richesse, nous ne sommes pas les meilleurs juges de ce qui convient à notre prospérité; ce sont les morts qui doivent gouverner les vivants! La loi doit rester entre ces mains glacées qui pétrifient ce qu'elles touchent? C'est là ce que la sagesse et l'expérience enseignent à nos hommes d'Etat? Mais qu'ils regardent donc la date de ces saintes lois. Nos pères n'en ont-ils pas fait, et beaucoup? Fils rebelles, ils ont donc répudié l'héritage paternel? Il est vrai que nos aïeux ne s'étaient pas montrés plus respectueux envers leurs vénérables ancêtres, et qu'eux aussi ils avaient eu l'audace de vivre. Je ne doute pas que dans ces heureux siècles les ministres passés n'aient crié à la fin du monde; je ne doute pas davantage qu'après nous avoir appelés insensés et révolutionnaires, on n'exhume quelque jour notre sagesse et notre expérience pour en asservir et en abêtir nos enfants.

« On répète gravement que toute innovation est suspecte et dangereuse; mais, dire que toute nouveauté est mauvaise, c'est avouer que toutes les vieilleries qu'on invoque ont été mauvaises à l'origine; car, de toutes ces vieilles choses, il n'y en a pas une qui n'ait été nouvelle en son temps. L'alphabet, l'écriture, l'imprimerie, ont été aussi des nouveautés suspectes; cette administration, dont on est si fier, quelqu'un l'a inventée. Si la folie d'aujourd'hui devient la sagesse de demain, il serait bon de traiter avec moins de dédain ceux qui travaillent pour l'avenir.

« Quant au panégyrique obligé des ministres et de leurs vertus, Dieu me garde de troubler cette sainte confiance! L'administration rassemble tout le génie de la nation, je n'en doute pas; l'uniforme civil donne tous les talents et toutes les lumières, j'en suis sûr. Il n'est pas de surnuméraire qui ne soit un modèle d'assiduité, pas de bureau qui ne soit infaillible et, pour ne parler que des ministres, il n'en est pas un qui ait commis une faute, pas un qui se soit jamais trompé. Sur ce point je m'en rapporte à eux-mêmes ; en est-il un seul qui ait jamais avoué une erreur? Mais, qu'il me soit permis de le dire, toute loi repose sur la défiance ; il n'en est pas une seule qui s'en remette à la vertu des citoyens. Pourquoi des lois sur le dol, la fraude, la violence? Avons-nous le droit de soupçonner l'honnêteté de nos voisins? Pourquoi ce code militaire qui ordonne en certains cas de dégrader et même de fusiller le soldat? N'est-ce pas s'attaquer à ce qu'il y a de plus délicat au monde, l'honneur militaire? La loi n'hésite pas cependant, et comme elle est faite pour tout le monde, elle n'est injurieuse pour personne. Si elle ne menace pas nos vertueux ministres, elle nous atteindra le jour où, portés au pouvoir par un tour de roue, nous ne suivrons pas les traces de nos sages devanciers. Nous acceptons la loi commune. De quel droit y voyez-vous un outrage?

« Direz-vous par hasard, que si la fortune nous mettait à votre place, vous vous tairiez par respect pour le pouvoir? Je doute de cette magnanimité ; je ne vous demande pas un tel sacrifice. Critiquer l'autorité, c'est le seul moyen de la contenir et au besoin de la réformer. En est-il du gouvernement comme de ces avalanches auprès desquelles on passe silencieux, parce que le moindre bruit les fait crouler? Regardez donc quels sont les pays misérables, quels sont les peuples que les révolutions déchirent, ce sont toujours ceux où l'on se tait. L'esprit humain est comme la vapeur. Comprimé à outrance, il éclate ; respecté dans sa force, il fait tout marcher.

« Mais, dit-on, si aujourd'hui l'on fait un pas, demain il en faudra faire un second. — Sans doute; le mouvement c'est la vie; mais à chaque jour suffit sa peine, la route que nous faisons aujourd'hui abrégera celle de demain. — Prenez garde, nous crie-t-on, on vous propose d'imiter l'étranger. — Pourquoi non? Est-ce que l'étranger ne nous imite pas? Est-ce que vous ne trouvez pas cette imitation toute naturelle? Le monde est un vaste lieu d'échange ; ce commerce d'idées fait la richesse commune; l'isolement n'enfante que l'universelle pauvreté! Plus nous nous rapprochons les uns des autres, plus les préjugés, les haines, les inimitiés s'affaiblissent. Mêlez les hommes ensemble, unissez-les par les idées, les institutions et les intérêts, ils reconnaîtront bientôt qu'ils sont de la même famille, ce sont des frères qui ne demandent qu'à s'embrasser.

« Pourquoi changer? ajoute-t-on, nous sommes si bien. — Qui dit cela? Les ministres. En vérité leur politique est trop simple. Si le peuple réclame une réforme, c'est que l'opposition l'égare. Il ne faut pas céder à l'opposition. Si le peuple se tait, il n'y a rien à faire; personne ne se plaint, c'est là preuve que personne ne souffre. Quand les gens seront noyés, il sera temps de mettre des garde-fous. N'est-ce pas là le fond du beau discours que nous venons d'entendre? Ne rien faire et parler pour ne rien dire, voilà la devise de notre sage gouvernement.

« Répondrai-je à ces magnifiques antithèses qui opposent l'amélioration à l'innovation, le progrès à la témérité, la liberté à la licence? Non, je demande seulement quelle est la loi qu'on ne peut combattre avec ces lieux communs; c'est une façon de raisonner qui dispense d'avoir raison.

« J'en dirai autant de tous ces cris de chimère et d'utopie. Quand on a déclaré d'un ton solennel qu'on n'aime pas les théories, qu'on repousse la spéculation, on s'imagine qu'on a fait preuve d'une sagesse admirable : hélas ! on a simplement avoué qu'on ne sait pas ce qu'on dit quand on parle, qu'on ne sait pas ce qu'on fait quand on agit. Singulier pays que celui où les ministres se croient d'autant plus raisonnables qu'ils ont plus de mépris pour la raison!

« On nous engage à respecter le gouvernement, la loi, la religion, la morale. Je réponds que je respecte le gouvernement quand il est bon, la loi quand elle est juste, la religion quand elle est vraie, la morale quand elle est pure; ce n'est pas le nom que je respecte, c'est la chose. Je ne me laisse pas effrayer par ces vains fantômes qu'on évoque pour gagner des bonnes âmes qui emploient leur charité à protéger le mal, et leur piété à défendre l'erreur.

« Quant au silence qu'on nous conseille, je n'ignore pas que, pour embrasser la cause de la liberté, de très-honnêtes gens, timides et bien intentionnés, attendent une ère de paix et de prospérité où des ministres patriotes et un peuple docile uniront leurs efforts pour améliorer l'humaine condition, où les loups seront les humbles serviteurs des brebis, où l'impopularité s'attachera à toute injustice, à toute erreur, à tout sophisme; j'ai le malheur de ne pas croire à cet âge d'or qu'on nous montre dans le lointain. J'ai toujours vu que c'est dans les larmes et les angoisses qu'on enfante la vérité; je ne connais de peuples libres que ceux qui ont conquis eux-mêmes la reconnaissance de leurs droits. La sage liberté n'est pour moi qu'une chimère et qu'une utopie. Je ne l'ai rencontrée nulle part. L'histoire est là pour nous dire que lorsqu'un gouvernement empêche les peuples de parler et d'agir, c'est qu'il veut se réserver le droit de faire le mal avec impunité. »

Durant ce long discours, le baron Pleurard, la tête cachée dans ses mains poussait des soupirs à déraciner un chêne, et murmurait les mots : *horrible! abominable! scandaleux!* Touche-à-Tout le front impassible signait sans désemparer. Jacinthe écoutait d'un air étonné. Quand Pieborgne eut fini :

« Monsieur le chevalier, dit le jeune prince, je vous remercie de la leçon. Vous m'avez montré avec beaucoup d'esprit que je ne suis qu'un enfant et que je ne sais rien. Votre premier discours m'avait paru très-sensé, le second, qui est la réfutation du premier, ne me paraît pas moins raisonnable. Lequel des deux dit la vérité?

— Ni l'un ni l'autre, répondit joyeusement Pieborgne. Nous autres orateurs, nous plaidons l'apparence, suivant le besoin du moment ; que nous fait la vérité, à supposer qu'elle existe? Aujourd'hui nous opposons le particulier au général, demain nous opposerons le général au particulier. L'exception nous sert à fausser la règle, la règle nous sert à éluder l'exception. Une fois le vote enlevé, la partie est gagnée, il n'en faut pas davantage. On change de cartes suivant l'occasion.

— Cependant, dit Jacinthe, rougissant de l'impudence d'autrui, vous avez un avis sur le fond même des choses.

— Je n'ai aucun avis dit Pieborgne, et je me soucie du fond des choses autant que de colintampon. Je suis l'avocat du gouvernement, je plaide et je gagne ma cause. Que le procès soit bon ou mauvais, c'est l'affaire du pouvoir et non la mienne.

— Au moins me direz-vous comment il se fait que chacun de ces discours, pris en soi, ait un si grand air de sagesse et de raison.

— C'est le secret de l'avocat que demande Votre Majesté, dit gaiement Pieborgne. Quand elle le saura, nous serons ruinés ; n'importe? En deux mots, Sire, je vous rendrai passé maître dans l'école de la parlerie.

« Le beau de ces maximes générales, c'est qu'elles énoncent des vérités aussi vieilles que le monde, aussi banales que les grandes routes ; leur défaut, c'est qu'elles sont si larges, que tout passe au travers et qu'elles ne prouvent rien. Admettez mes deux discours, ou rejetez-les, vous n'en serez ni plus, ni moins avancé. La sagesse de nos pères est respectable, les idées et les besoins du jour ne le sont pas moins; toute la question est de savoir si la loi qu'on présente abolit la sagesse ou la folie de nos pères, si elle répond à un besoin ou à un caprice; c'est là le seul point que ministres et opposition se gardent bien de toucher. L'un s'en va en orient, l'autre s'enfuit en occident. C'est à qui s'envolera le plus loin de l'objet en litige. Et de fait ils n'ont pas tort. Pour discuter sérieusement la loi, il faudrait rassembler des faits, consulter les hommes de métier, compter, calculer, peser, et alors quel moyen d'avoir toujours raison? Le pouvoir passerait aux mains des gens pratiques, c'en serait fait des avocats.

— Serait-ce un grand malheur? dit Jacinthe.

— Oui, sans doute, répondit Pieborgne en riant. Songez, Sire, qu'avec nos adages sonores, nous charmons tous ces honnêtes gens, qui sont heureux de voir ériger en maximes d'État les chansons de leurs nourrices et les proverbes de leur village. Fiers de tout savoir sans avoir rien appris, ce qu'ils applaudissent en nous, c'est leur béate ignorance et leur solennelle trivialité. Pourquoi troubler cette joie innocente qui nous profite? Quand on peut conduire les hommes avec des mots, pourquoi se fatiguer à les instruire? Pourquoi leur jeter à la face ces vérités nouvelles qui les effrayent et les éblouissent? Trompeurs, trompés, trompettes : voilà le monde en raccourci ; les trompés ne demandent qu'à garder leur erreur, les trompeurs qu'à bercer doucement les trompés : laissons donc sonner gaiement les trompettes.

— Mais alors, dit Jacinthe un peu ému, si l'éloquence n'est qu'une vaine fanfare, et moins encore, un tour de passe-passe, ne craignez vous pas qu'un jour les peuples, maîtres de votre secret, ne relèguent au même rang les charlatans et les rhéteurs?

— Ce jour-là, dit Pieborgne, les Gobemouches ne seront plus des Gobemouches. Quand la bêtise humaine sera près de finir, le monde n'en aura pas pour longtemps. En attendant, dormons tranquilles et faisons vie qui dure. »

Comme il finissait de parler, un chambellan annonça que la reine attendait son fils pour se rendre à la grande fête du soir. Le prince sortit, suivi de Touche-à-Tout, qu'escortaient quatre huissiers, portant d'un pas majestueux les saintes paperasses.

Resté seul avec Pieborgne, le baron éclata :

« Malheureux ! s'écria-t-il, osez-vous abuser à ce point des dons que la Providence vous a faits? Ne rougissez vous pas?...

— Baron, interrompit l'avocat, j'ai commandé au *Faisan-Doré* un petit dîner des plus fins, chère délicate et vins vieux, j'espère que vous ne me refuserez pas l'honneur d'un tête-à-tête.

— Oui, je vous accompagnerai, enfant prodigue, répondit Pleurard en soupirant, mais ce sera pour vous prêcher et vous convertir. A mon âge, on est revenu des vains plaisirs du monde, et d'ailleurs tout a dégénéré.

— Même les huîtres? dit Pieborgne, d'un ton sceptique.

— A commencer par elles, reprit le baron. Elles ne sont plus ce qu'elles étaient dans ma jeunesse.

— C'est qu'elles ont veilli, dit Pieborgne d'un air placide.

— Il n'y a qu'une chose qui n'a pas vieilli, cria le baron furieux, c'est l'impertinence des avocats. Prenez garde de vous mordre la langue, monsieur le chevalier, vous pourriez mourir de cette imprudence.

— La, la, calmez votre sainte colère, dit l'autre en riant; vous savez bien que si nous aboyons souvent, nous ne mordons jamais. Entre nous, que pensez-vous du prince? J'en ai la meilleure opinion. Avez-vous vu comme il a bâillé quand Touche-à Tout l'accablait de ses dossiers? C'est la marque d'un heureux naturel. J'espère que ce bon jeune homme sera aussi fainéant que son glorieux père, et aussi simple que son illustre mère. Allons, il y aura encore de beaux jours chez les Gobemouches, et notre règne n'est pas fini.

CHAPITRE VI

LE BAL.

La fête était splendide. Heureuse et fière de recevoir son jeune souverain, l'édilité de Plaisir-sur-Or s'était surpassée. On avait travaillé quinze jours pour manger en quatre heures les impôts de six mois. La salle du bal représentait une clairière dans une forêt vierge. Une cascade, éclairée par des feux électriques, tombait sur des rochers moussus, couverts de palmiers, de lianes et de fleurs. Des langues de flamme, enfermées dans des verres de couleur, répandaient partout leur lumière, répétée par des milliers de glaces. Dans le lointain, on entendait une musique invisible ; le cor soupirait plus doucement que le vent dans les bois. On ne pouvait imaginer rien de plus sauvage ni de plus galant.

La foule était énorme. De cent lieues à la

ronde, il n'y avait pas une femme, jeune ou vieille, qui, au risque de ruiner son mari, ne se fût fait un devoir de venir montrer au nouveau roi ses diamants, ses dentelles et ses épaules. Tous les hommes étaient en culotte courte et en uniforme, l'épée au côté, le chapeau sous le bras, la poitrine chamarrée de croix, de plaques et de rubans. Suivant la fine remarque que fit le lendemain *la Vérité officielle*, c'était la Beauté et le Mérite qui venaient saluer l'Espérance.

A dix heures, Jacinthe entra dans la salle, donnant le bras à sa mère. Vêtu d'un pourpoint de satin blanc relevé de rubans bleus et de perles d'or, il était si beau que, de toutes parts, au risque de l'étouffer, les femmes se poussèrent vers lui, en bataillons plus serrés que des hirondelles qui émigrent. Fille, femme ou veuve, il n'y en eut pas une seule qui ne se jetât en avant, sans crainte d'écraser ses voisines, pour enlever le premier regard et le premier sourire du jeune roi. Les présentations commencèrent au son d'une musique enchanteresse. On rivalisa d'élégance et de beauté, on fit assaut de sourires, de grâces et de révérences. Au premier rang de cette foule charmante parut la fille du comte de

Touche-à-Tout, la jeune et blonde Tamaris. En saluant le prince, elle baissa les yeux avec tant de modestie et les releva avec une langueur si douce, que Jacinthe rougit sans savoir pourquoi. A ce moment, Tamaris se prit si malheureusement le pied dans la queue de sa robe, qu'elle allait tomber si le prince ne s'était précipité pour la retenir. Une heure après cet accident, qui causa une vive émotion, le ministre n'en avait pas encore fini avec les compliments que tous les hommes lui faisaient sur son génie politique et sur les grâces de sa fille, tandis que les femmes se répétaient l'une à l'autre que cette Tamaris était une impudente créature, et son père un ambitieux ou un niais. Et maintenant, sur de pareils mémoires, écrivez donc l'histoire d'un grand pays !

Au milieu de cette agitation, il y avait une femme vraiment heureuse, c'était la reine. Fière du présent, insouciante de l'avenir, elle se promenait au milieu de la foule en s'appuyant tendrement sur le bras de son fils. Son regard triomphant disait à toutes les curieuses : « Regardez-le, mesdames, il est à moi, il n'aime que moi. »

......

Jacinthe trouva que le métier de prince était beaucoup plus agréable au bal qu'au conseil. Aussi joua-t-il son rôle en conscience ; il ne manqua pas une danse et mena le cotillon avec un entrain royal. Il n'est pas une danseuse qui, ce soir-là, ne comprit qu'enfin les Gobemouches avaient obtenu du ciel un grand roi.

Quand Jacinthe rentra dans ses appartements, le jour commençait à paraître. Ses chiens, déjà éveillés, sautèrent après lui en se disputant ses caresses. Il eut peine à se débarrasser de leur tendresse bruyante. Enfin il se jeta sur son lit et bientôt s'endormit, fatigué, mais charmé, et se disant tout bas qu'il est doux d'être prince et de commander partout le respect et l'amour.

CHAPITRE VII

JACINTHE APPREND COMMENT ON INCULQUE AUX GOBEMOUCHES LE RESPECT DE L'AUTORITÉ.

Après une journée remplie de tant d'émotions, il est permis de rêver. Heureux jusque dans son sommeil, Jacinthe eut un songe enchanteur : il chassait sous les voûtes sombres d'une antique forêt. Auprès de lui, sur un cheval fougueux, Tamaris, légère et hardie comme Diane, poussait un cerf qui fuyait au loin ; le cor retentissait, les valets criaient, la meute aboyait en cadence, et tandis que l'écho répétait de toutes parts ces bruits joyeux, le jeune homme, enivré, souriait à la belle chasseresse et lui tendait la main. Tout était plaisir et fête, quand un misérable chien, un caniche, sortit si brusquement d'un fossé, que le cheval de Jacinthe s'abattit et que..... Jacinthe, à demi éveillé, se jeta à bas de son lit. Il faisait grand jour.

Tiré si cruellement de son rêve, le jeune prince fermait déjà les yeux pour se rendormir, quand en face de lui, dans une glace qui descendait jusqu'à terre, il aperçut le caniche son ennemi. Furieux, il voulut crier... Horreur! il aboya : le caniche, c'était lui! Cette bête ridicule qui sautait devant un miroir, c'était le prince Jacinthe, le dernier et le plus beau rejeton de l'illustre maison des Tulipes!

Au premier moment, Jacinthe eut un accès de désespoir : il maudit la fortune envieuse, il gémit, il pleura; mais bientôt il revint au sentiment de sa dignité et défia le sort. « Après tout, pensa-t-il, ceci ne peut être qu'une épreuve, et d'ailleurs, homme ou chien, le ciel m'a fait pour régner. Si je ne dois plus commander aux malheureux Gobemouches, au moins serai-je le roi de la race canine! En me voyant, il n'est pas un chien qui ne reconnaisse son maître et ne soit fier de m'obéir. Allons voir mes nouveaux sujets. »

Disant cela, Jacinthe se mira dans la glace et n'eut pas de peine à se réconcilier avec sa nouvelle figure. C'était un charmant caniche. Sa tête blanche et frisée, ses yeux noirs, son nez retroussé lui donnaient l'air d'un marquis poudré. Sûr de lui-même, il traversa deux salons vides ; arrivé dans l'antichambre, il y trouva tous ses chiens nonchalamment couchés sur un tapis de Perse : leur service était de ne rien faire ; ils s'en acquittaient de leur mieux.

A la vue de l'étranger, un lévrier, à moitié endormi, se leva ; il s'approcha de l'inconnu et le flaira de la tête à la queue et de la queue à la tête avec une familiarité de mauvais goût. Le prince-caniche n'entendait pas qu'on lui manquât de respect ; il se mit en arrêt et grogna d'une façon menaçante. Aussitôt toute la bande se dressa sur ses pattes et se rua sur lui en aboyant. Un mâtin, à la mine renfrognée, hurla dans son patois chiennesque : « Ce drôle n'a pas de collier ; c'est un intrus. Haro ! » Et d'un coup de gueule il mordit le nouveau venu de telle sorte que la pauvre bête (c'est Jacinthe que je veux dire) sauta par la fenêtre, comme si un ressort l'eût lancé dans l'espace.

Heureusement pour la dynastie des Tulipes, l'appartement du prince n'était qu'à dix pieds du sol. Jacinthe tomba sur ses pattes, il en fut quitte pour un peu d'étonnement. « Ces sottes bêtes ne m'ont pas reconnu, pensa-t-il ; si jamais je reprends la forme humaine, quel plaisir j'aurai à assommer toute cette canaille et à en débarrasser le palais. »

En regardant autour de lui, Jacinthe s'aperçut qu'il était dans le jardin du château. C'était une promenade publique ; le prince n'y était jamais entré. L'occasion était belle pour se mêler à la foule ; Jacinthe profita de l'incognito et se mit à étudier son bon peuple de plus près.

Les allées étaient remplies de dames élégantes. et il y avait un nombre infini de nourrices, de bonnes et d'enfants. Ce qui frappa surtout le prince, ce fut l'excellent esprit dont ses soldats étaient animés. Cavaliers et fantassins se disputaient le plaisir d'amuser les enfants ou de les faire danser sur leurs genoux. Il y avait de farouches moustaches qui jouaient au cerceau et des traîneurs de sabres qui portaient des poupées. Ces marques de bon naturel charmaient Jacinthe. Tranquillement assis sur son derrière, il regardait deux sapeurs qui tournaient une grande corde pour faire sauter les petites filles et leurs bonnes, quand il entendit une grosse voix qui disait : « Attends, mon drôle, je vais t'inculquer le respect du règlement. »

Le prince fut un peu ému d'apprendre qu'il y avait des gens qui, dans son château, ne respectaient pas l'ordonnance même qu'il avait signée la veille. Il regardait autour de lui, cherchant le téméraire qui se permettait de violer la loi, quand un coup de canne vigoureusement appliqué l'envoya tomber dix pas en avant, la tête la première. Il se releva en aboyant et se trouva face à face avec un gardien en uniforme, qui fondit sur lui en criant : « Assommez-le, assommez-le, il insulte l'autorité. »

Si brave qu'il fût, le prince-caniche n'était pas de force à résister à son ennemi ; il se mit à courir sur trois pattes, toujours suivi par son bourreau. Les nourrices riaient, les enfants et les soldats lui jetaient des pierres. Voir souffrir une pauvre bête, c'est le grand plaisir des Gobemouches. Par bonheur, la grille n'était pas loin ; Jacinthe s'y précipita et fut assez heureux pour se glisser sans être vu sous la guérite qui était devant la porte.

....

Le gardien, toujours furieux, alla droit au factionnaire.

« Vous avez laissé sortir un chien, lui dit-il.

— Oui, répondit sèchement le soldat.

— Pourquoi ne lui avez-vous pas donné un coup de baïonnette?

— Ce n'est pas dans ma consigne.

— Il est défendu de laisser entrer les chiens qui ne sont pas attachés.

— Sortir n'est pas entrer, répondit le factionnaire.

— Ah! tu raisonnes, s'écria le gardien; ton nom?

— Mon nom, dit le soldat, vous le connaissez, monsieur Leloup, je m'appelle Narcisse.

— Narcisse, le beau Narcisse, le bien-aimé de Giroflée?

— Mademoiselle Giroflée ne m'aime pas; vous le savez mieux que personne, puisque vous voulez l'épouser.

— Eh bien, mon drôle, reprit le gardien, je ne laisserai pas échapper cette occasion de te donner une leçon. Holà, sergent! cria-t-il à une vieille moustache qui s'approchait, mettez quatre jours de salle de police pour cet homme ; il a raisonné. »

Le gardien parti, le sergent s'approcha du jeune soldat, et, le regardant d'un air paternel :

« Tu as mal fait, mon fils, lui dit-il, tu compromets ton avancement.

— C'est donc un tort que de raisonner? dit Narcisse avec impatience.

— C'est pis qu'un tort, mon fils, c'est un délit.

— Pourquoi cela, père Lafleur?

— Pourquoi? dit le sergent, tu me demandes pourquoi? Ce n'est pourtant pas malaisé à voir, ça crève les yeux. Les plus forts ont établi qu'on ne raisonnerait pas, parce que si on raisonnait, ceux qui auraient raison seraient les plus forts, et alors les plus forts n'auraient pas raison. Comprends-tu, maintenant?

— Tout ce que je comprends, dit Narcisse en soupirant, c'est qu'après-demain nous partons en garnison, et que si je suis demain à la salle de police, je ne dirai pas adieu à mademoiselle Giroflée.

— On y pourvoira, mon fils, dit Lafleur en tortillant sa moustache : on n'est pas encore assez vieux pour ne pas respecter un sentiment légitime. Voici le caporal qui vient te relever, silence, et fie-toi à ma sensibilité. »

Tandis qu'ils causaient, Jacinthe, couché par terre et le dos meurtri, faisait d'assez tristes réflexions sur les règlements et l'obéissance. Le doute entrait dans son esprit; il en venait déjà à se demander s'il ne serait pas bon que ceux-là fissent les lois à qui on les applique. Mais l'image de la blonde Tamaris lui revint en mémoire : il chassa aussitôt ces pensers séditieux. Comment le père d'une si belle personne n'aurait-il pas été un grand ministre? D'ailleurs, était-ce un pauvre chien, coupable au moins d'ignorance, qui pouvait juger des conceptions administratives et des visées politiques du comte de Touche-à-Tout?

CHAPITRE VIII

EN FOURRIÈRE.

Vive la philosophie ! Avec trois mots creux enfilés sur une belle théorie, on élève l'âme au-dessus des misères de la réalité ! Jacinthe sortit de son trou, boiteux d'une patte et crotté jusqu'aux oreilles, mais plein de respect pour la loi qui l'avait frappé. D'un pas grave et tranquille, en chien qui se respecte, il entra dans la grande rue qui longeait le château, et se mit à regarder autour de lui pour étudier de plus près le peuple qu'il était appelé à gouverner.

Devant et derrière lui s'étendait à perte de vue une double rangée de maisons magnifiques. Toutes se ressemblaient : même hauteur, même toit, mêmes étages, même nombre de fenêtres, mêmes persiennes, mêmes balcons, mêmes portes ; il n'y avait de différent que le numéro. On eût dit d'un palais, d'un couvent, d'un hospice ou d'une caserne qui aurait eu cinq lieues de long : c'était la splendeur de l'uniformité!

La rue n'était pas moins admirable que les maisons. Sur les larges trottoirs qui bordaient le pavé marchait à pas égal une foule compacte. Des gardes de ville, postés sur la chaussée, avaient soin que chacun prît sa droite et emboîtât le pas à son rang. On ne pouvait traverser la rue que pour rentrer chez soi ou prendre une voie latérale, encore fallait-il s'adresser à l'autorité, qui l'épée au côté, surveillait militairement la marche des citoyens et offrait le bras aux dames. Le spectacle était imposant. On sentait qu'un œil invisible suivait chaque Gobemouche jusque dans les distractions les plus innocentes, et maintenait cette égalité qui fait la gloire de la grande nation. Tous les hommes étaient décorés; on eût dit qu'ils avaient volé l'arc-en-ciel pour s'en partager les couleurs. Quant aux femmes, elles n'avaient guère moins de rubans que leurs maris. En revanche, elles portaient d'énormes chignons de cheveux rouges, coiffés de petits paquets roses, bleus ou blancs : de loin, il semblait voir des couronnes de fleurs jetées négligemment sur des bottes de foin. C'était d'un goût achevé.

Jacinthe prit la file et se rangea modestement près d'un gros bourgeois qui faisait la leçon à ses fils. « Craignez, leur disait-il, d'être volontaires, raisonneurs, et d'avoir jamais des idées à vous. Notre société est si bien réglée que tout téméraire qui sort des rangs et manque à la consigne est aussitôt conspué, chassé, exterminé. Voyez-moi, mes enfants, j'ai toujours répété ce que disait tout le monde, je n'ai jamais eu d'idée ni de volonté à moi ; aussi suis-je arrivé sans encombre : chacun m'a tendu la main. Je suis riche, on me respecte, on me salue, et, si je voulais, je serais un personnage. Mais j'ai en horreur la politique ; rien ne me paraît plus sot que de s'occuper des affaires publiques quand on a un gouvernement qui est payé pour nous sauver cet ennui. Je suis un vrai Gobemouche, et je m'en fais gloire. Vive l'argent et le plaisir. Tout est là ! »

Jacinthe écoutait avec respect ce sage vieillard, quand, tout à coup, on ouvrit les fontaines. Une eau limpide courut dans les ruisseaux. Depuis le matin, le pauvre caniche mourait de soif :

il crut que, sans blesser le bon ordre et sans manquer au règlement, il pouvait boire un peu de cette eau qui semblait couler pour tout le monde. Glissant au bas du trottoir, Jacinthe plongea son museau dans l'onde fraîche, et bientôt, cédant à un attrait naturel, il s'y baigna tout entier. Un bien-être inconnu ranima ses membres endoloris, et, tout chien qu'il était, il se sentit heureux de vivre.

Sorti de l'eau, Jacinthe, qui avait le respect des convenances, se plaça au milieu de la chaussée, de façon à n'éclabousser personne, et secoua son poil mouillé. Un frisson voluptueux lui chatouillait la chair, quand une main brutale le saisit par la peau du cou et l'enleva en l'air, ses quatre pattes s'agitant dans le vide.

« Brigadier, cria le bourreau en jetant le caniche entre les bras d'un garde de ville, encore un chien sans collier et sans muselière. C'est le second depuis un mois ; au troisième, je vous destitue.

— Vagabond, dit le brigadier en étranglant à moitié son prisonnier, tu ne mourras que de ma main ; je t'apprendrai à insulter l'autorité. »

Heureusement pour Jacinthe, un tombereau

couvert passait dans la rue; le garde de ville appela le cocher :

« Holà, Pierrot, cria-t-il, prends-moi ce gredin-là, et fais-lui danser la sarabande des oiseaux.

— Soyez tranquille, brigadier, répondit l'homme en riant ; j'en ai là une vingtaine qui vont faire le saut périlleux. »

Jeté dans la sombre voiture, Jacinthe tomba sur un tas de chiens couchés les uns sur les autres; mais, après plus d'un aboiement et plus d'un coup de dent, il finit par se glisser dans un coin et put réfléchir tout à son aise à l'admirable police du comte de Touche-à-Tout.

Ses réflexions ne furent pas de longue durée; la voiture s'arrêta, on ouvrit le tombereau; Jacinthe fut jeté dans une vaste cour, au milieu d'une cinquantaine de chiens prisonniers comme lui.

La société était un peu mélangée ; il y avait là des chiens de tout poil et de toute taille, depuis le frêle et élégant havanais jusqu'au bouledogue trapu et grognon. Des groupes se formèrent ; Jacinthe, par un instinct naturel, se rapprocha de l'aristocratie du lieu et entendit une conversation qui lui rappela celle des courtisans.

« Je ne comprends pas qu'on se soit permis de m'arrêter, disait un bel épagneul à l'œil intelligent. J'étais sorti avec la tabatière de mon maître le capitaine pour aller, comme tous les jours, lui chercher son tabac. Comment n'a-t-on pas vu que j'étais un chien militaire? Je suis curieux de savoir si l'armée souffrira cette insulte.

— Quant à moi, répondait une levrette en paletot, je ne suis pas fâchée de ce qui m'arrive. Ces brutaux ont besoin d'une leçon ; on leur apprendra bientôt qui je suis.

— A qui donc appartenez-vous? demanda un gros terre-neuve.

— Mon cher, votre question est grossière, répondit la demoiselle au museau pointu. Je n'appartiens à personne, et si vous saviez lire vous verriez écrit sur mon collier : *Je suis Mirza, Jonquille m'appartient.* J'ai une femme de chambre qui tous les jours passe deux heures à me savonner, et un valet de pied qui n'a d'autre emploi que de me promener. Ah ! cria-t-elle en levant la patte comme si elle tombait en arrêt, quel est cet affreux caniche qui ose nous approcher?

Fi! l'horreur, un chien d'aveugle! Je déteste le peuple, moi; il sent mauvais. »

En galant chevalier, le terre-neuve courut à Jacinthe et le regarda d'un tel air, qu'il l'eut bientôt forcé de s'éloigner.

A ce moment la porte s'ouvrit. Le gardien entra, suivant un personnage en habit vert qui portait à sa boutonnière une rosette de toutes les couleurs. Ses parements retroussés et ses longues manchettes indiquaient un médecin.

« Voici la chasse d'aujourd'hui, monsieur le docteur, dit le geôlier. Voulez-vous de ce terre-neuve?

— Non pas, mon cher La Douceur, répondit l'étranger. Nous en avons ouvert un l'autre jour; l'animal nous a mordu trois fois avant de se décider à mourir. Fi des bêtes qui se défendent! on n'a aucun plaisir à les écorcher.

— Ce caniche vous irait-il mieux?

— Non, point de caniche dans mon amphithéâtre, mes élèves feraient du sentiment; je ne veux pas de chien plébéien. Amenez-moi cet épagneul. »

Le gardien prit un filet accroché au mur et le

lança sur l'épagneul, qui se laissa prendre sans résistance.

« Jolie bête et bien établie, dit le docteur en palpant l'animal; elle fera mon affaire. Nous allons lui introduire délicatement une canule dans l'estomac; cet ingénieux procédé nous permettra d'étudier tout à notre aise le phénomène de la digestion.

— Et la loi protectrice des animaux ! dit La Douceur en riant. M'est avis, monsieur le docteur, que vous lui donnez plus d'une entorse.

— La loi n'est pas faite pour nous, répondit le médecin. Nous nous ne sommes pas des hommes, nous sommes la science.

— Qu'est ceci ? dit le geôlier en détachant le collier de l'épagneul. Voyez-vous ces cinq lettres gravées sur une plaque de cuivre : J. M. M. D. G., avec deux sabres en croix ; je flaire une conspiration.

— Vous avez le nez fin, dit le docteur.

— Monsieur, j'ai servi dix ans le baron Pleurard, j'ai appris à me défier de tout, à avoir peur de tout ; c'est le moyen de n'être jamais trompé. Et d'ailleurs, si je découvre une conspiration, ma fortune est faite, je passe geôlier d'une vraie prison. Quand on se sent capable de garder des hommes, il est triste de ne garder que des chiens.

— Vous avez de l'ambition.

— Sans doute, j'ai le cœur bien placé ; je veux faire mon chemin, comme tant d'autres, en sauvant mon prince et mon pays. J. M. M. D. G., qu'est-ce que cela veut dire, sinon : *Je me moque du gouvernement :* et les deux sabres en croix, n'est-ce pas un symbole, un signe de ralliement ?

La porte s'ouvrit brusquement ; un officier, à longues moustaches, entra, la cravache en main, le chapeau sur l'oreille, l'air furieux.

« Castor est-il ici ? cria-t-il. Nom d'un tonnerre ! il me le faut. »

A cette voix, l'épagneul bondit et se jeta sur son maître comme s'il allait le dévorer.

« A bas, drôle, à bas, mon vieux, dit l'officier, d'une voix émue. A bas, Castor, j'ai un compte à régler ici. Qui s'est permis d'arrêter le chien d'un officier ?

— Monsieur, la loi est faite pour tous les citoyens, dit l'honnête La Douceur.

— Taisez-vous, insolent ! dit le capitaine ; sachez que les soldats ne sont pas des citoyens. Je vais de ce pas chez mon cousin, le général en chef, et je vous fais casser.

— Pas avant que je n'aie remis à la justice ce collier suspect, répondit le geôlier, à qui le sang montait au visage.

— Donnez-moi ce collier, sot que vous êtes, cria l'officier.

— Monsieur, dit le docteur, qui sentait la nécessité de faire une diversion, auriez-vous la bonté de me dire ce que signifie ces cinq lettres : J. M. M. D. G. et ces deux sabres croisés?

— Volontiers, monsieur, ce sont les premières lettres de mon nom et les insignes de mon état : Jonc-Marin, marquis de Gobéa, capitaine de cuirassiers, pour vous servir.

— Monsieur le marquis, dit La Douceur d'un air penaud, veuillez recevoir toutes mes excuses, et soyez certain que, sur mon rapport, l'administration punira sévèrement celui qui s'est permis d'arrêter le chien d'un capitaine. »

L'officier sorti, le geôlier soupira.

« Monsieur le docteur, dit-il, vous voyez s'il est facile de faire mon métier. J'aimerais cent fois mieux être ministre. On met cinquante bourgeois en prison, sans savoir pourquoi, chacun se tait, personne ne réclame ; si quelqu'un se permet de parler, on l'enferme avec les autres ; tandis que, pour un malheureux chien, arrêté légalement, on m'insulte et on me menace. Ah! qu'il est plus aisé d'administrer les hommes que de gouverner les chiens! »

A peine La Douceur finissait-il de soupirer cette phrase, qu'on lui frappa rudement sur l'épaule. Blessé de cette familiarité, il se retourna, mais pour prendre aussitôt son plus gracieux sourire. Devant lui se dressait un grand valet de pied, à la livrée royale, rouge et or.

« Bonhomme, dit le laquais d'un ton protecteur, n'auriez-vous pas ici une levrette grise, couverte d'un paletot de velours?

— Monsieur, elle arrive à l'instant, dit le geôlier en s'inclinant.

— Qu'appelez-vous à l'instant? demanda le superbe valet.

— Monsieur, il n'y a pas dix minutes.

— Dix minutes! reprit l'homme rouge et or : comment se fait-il que la levrette ne soit pas depuis cinq minutes au ministère?

— Au ministère! cria La Douceur en se courbant jusqu'à terre ; mais, monsieur, je n'ai pas encore eu le temps d'examiner cette fournée.

— Il fallait le prendre, dit le valet, appelant à lui la levrette. Confondez-vous cette noble bête avec toute cette canaille ? ne savez-vous pas lire, ne voyez-vous pas ce qu'il y a d'écrit sur ce collier ?

— Pardon, dit le geôlier, balbutiant, il y a : « *Je suis Mirza, Jonquille m'appartient.* » Mais, monsieur, qu'est-ce que Jonquille ?

— Ah ! vous ne connaissez pas mademoiselle Jonquille, la première femme de chambre de la vicomtesse de Tamaris, la fille de Son Excellence Monseigneur le comte de Touche-à-Tout ! Ah ! vous arrêtez la levrette de la femme de chambre de la fille du premier ministre et vous ne la ramenez pas de suite au ministère ! C'est bon, mon cher on vous fera des loisirs afin que vous appreniez l'histoire et la géographie.

— Mais, monsieur, l'arrestation est légale, je n'ai fait qu'exécuter la loi.

— La loi ? dit le laquais d'un air dédaigneux, vous imaginez-vous qu'elle soit faite pour les chiens du gouvernement ? Dès ce soir, on vous enseignera le respect de l'administration ; vous en avez besoin, bonhomme. »

Et prenant la levrette entre ses bras, le valet empourpré sortit avec majesté.

« L'insolent ! dit le médecin. J'aurais du plaisir à lui ouvrir le crâne pour voir si, dans cette cervelle il y a autre chose que du vent.

— Ah ! monsieur, il n'a que trop raison, s'écria La Douceur. Votre visite m'a perdu. Sans vous, ma fortune était faite. Je reconnaissais cette noble bête, je la portais à mademoiselle de Jonquille ; mademoiselle de Jonquille mène sa belle maîtresse, la belle maîtresse mène son père, qui mène le prince et l'État ; les faveurs pleuvaient sur moi. Et maintenant me voilà ruiné par mon ignorance et ma stupidité.

— Non, dit le docteur, je connais un peu cette Jonquille, que j'ai soignée naguère ; j'arrangerai les choses. Avec les solides qualités que vous possédez, mon cher La Douceur, un homme tel que vous finit toujours par faire son chemin dans l'administration. Dans quelques années, vous me protégerez. En attendant, envoyez ce soir cet aimable caniche à mon laboratoire du palais de justice. Il a un air innocent et doux qui me touche ; je ne veux pas qu'il soit pendu comme un vagabond, Nous avons une expertise des plus curieuses ; il s'agit d'une femme, empoisonnée suivant les uns, étouffée suivant les autres ; demain, nous en aurons le cœur net ; j'empoisonnerai d'abord cette bonne bête, et ensuite je l'étranglerai. Ce sera une expérience du plus vif intérêt.

— Et vous ne m'oublierez pas auprès de mademoiselle de Jonquille? dit le geôlier en soupirant. Songez, monsieur le docteur, que je ne sais plus où donner de la tête. Si la loi ne s'applique ni à la science, ni à l'armée, ni aux femmes de chambre, ni aux valets, ni aux chiens du gouvernement, à qui s'applique-t-elle ?

— A ceux qui sont assez niais pour se faire prendre et assez sots pour se laisser pendre, » dit le médecin riant du geôlier ébahi.

CHAPITRE IX

OU L'ON FAIT CONNAISSANCE AVEC ARLEQUIN.

Être roi depuis deux jours, se sentir jeune, beau, aimé, et tout à coup, par un caprice du sort, devenir chien, et ne plus attendre que le moment d'être empoisonné et étranglé pour le bon plaisir de dame Justice, le coup était rude pour un cœur de seize ans. Jacinthe alla se cacher dans un coin de la cour, en poussant un long gémissement, cri de rage plus encore que de douleur. A ce bruit, un mâtin, crotté qui gisait à terre ouvrit les yeux, leva la tête, et, regardant Jacinthe de travers :

« Vraiment, cria-t-il, on dirait qu'il n'y a ici que monsieur qui va être pendu. Qu'on nous laisse dormir.

— Un peu d'indulgence, camarade, dit un gros chien; tu vois bien que c'est un enfant qui pleure.... Viens ici, petit, je veux causer avec toi. »

Jacinthe regarda celui qui parlait. C'était un énorme bouledogue. Des yeux injectés de sang, des oreilles coupées, un large museau noir, un gros nez camus, une gueule écumante, ne lui donnaient pas l'air d'un grand seigneur ; mais il y avait tant de bonté dans cette grosse voix, que le prince-caniche s'approcha de son nouvel ami avec confiance et se coucha près de lui.

« Petit, dit le vieux chien, si j'en juge par ton poil tondu et ta mine proprette, tu as une maîtresse, quelque vieille marquise, quelque bourgeoise enrichie; comment se fait-il qu'on ne vienne pas te réclamer?

— Je n'ai point de maître, dit fièrement Jacinthe, et je n'appartiendrai jamais à personne; c'est ce qui fait que ces valets de bourreau me tueront.

— Bravo! mon enfant, reprit le bouledogue. J'aime les jeunes chiens qui méprisent le collier. Ta bonne fortune t'a fait rencontrer Arlequin : le vieil Arlequin n'abandonne jamais ses amis. On ne nous tient encore ni l'un ni l'autre. Vois-tu cette auge qui est près de nous ; glisse-toi derrière elle, tu y trouveras un trou commencé; travaille en silence et compte sur moi. »

Jacinthe rampa sous la pierre et se vit en face d'une clôture en bois au pied de laquelle on avait déjà fouillé. Des pattes et du museau il se mit à creuser le sol avec tant d'ardeur que, bientôt, il put mener son souterrain jusqu'au bas de la palissade et apercevoir le jour qui venait de l'autre côté. Mais ses forces s'épuisaient et ses pattes ensanglantées lui refusaient le service.

« Alerte! dit le vieil Arlequin en montrant tout à coup sa face écrasée. On entend des voix dans le vestibule, le temps presse. »

Il se coucha sur le ventre, se traîna dans le trou, et regarda au travers d'une planche fendue.

« Victoire! dit-il, nous sommes en contre-haut, il n'y a pas de terre de l'autre côté. »

Et poussant sa tête comme un bélier contre la planche la plus moisie, il la brisa par l'effort de ses épaules et de son cou.

« Suis-moi, petit, dit-il à son compagnon, et ne fais pas de bruit. »

Si Jacinthe s'était cru sauvé, son erreur ne fut

pas de longue durée. Les deux amis se trouvaient dans une cour fermée de hautes murailles. Des chiens morts, accrochés à un gibet, la langue pendante, des cadavres écorchés, des tripes entassées, des peaux accumulées, des ruisseaux pleins d'une boue sanglante, ce n'était pas un spectacle consolant. Arlequin ne s'en troubla guère. Tout entier à son salut, le vieux vagabond se glissait le long des murs, cherchant si l'adresse ou la fortune ne lui donneraient pas le moyen de s'échapper.

Arrivé devant une porte entrebâillée, il s'arrêta et regarda Jacinthe, qui se glissa près de lui. En face d'eux, mais leur tournant le dos, était La Douceur qui fumait sa pipe et lisait le journal. Il était assis près d'une porte vitrée qui ouvrait sur la rue et la dominait de deux marches. Avec sa vaste corpulence, le geôlier remplissait tout l'espace ; le passage était fermé, les deux captifs étaient perdus.

« Fais comme moi, » murmura le bouledogue à l'oreille du caniche. Et, caché dans l'ombre, il rampa sur le ventre en s'approchant du geôlier.

C'était *la Vérité officielle*, journal de la cour,

que lisait La Douceur. Il en était arrivé à un paragraphe qui l'intéressait particulièrement :

« Parmi les 1,352,000 pétitions qui ont été remises à Sa Majesté le jour de son avénement, on remarque la pétition inscrite sous le n° 125,727 ; elle a été rédigée par la Société protectrice des animaux. Ces âmes sensibles, journellement révoltées par les mauvais traitements dont les bêtes sont victimes, demandent à l'autorité que les chiens vagabonds arrêtés chaque jour ne soient plus pendus, et qu'on mette fin à cette barbarie. La société croit qu'on pourrait les asphyxier délicatement, et même agréablement, soit avec du chloroforme, soit avec de l'acide prussique, et que de cette façon on concilierait les devoirs de la justice avec les droits de l'humanité. »

« Le diable emporte les philanthropes ! dit le geôlier en froissant le journal ; ils sont toujours à chercher des pous sur la tête des pauvres gens. Qu'on leur donne la croix et qu'ils nous laissent tranquilles ! Je vous demande un peu s'il n'est pas juste d'étrangler les chiens d'aujourd'hui comme on l'a fait pour leurs pères et leurs grands-pères ? Pauvres bêtes ! si on leur demandait leur goût, je suis sûr qu'elles préféreraient la corde à toutes ces pharmacies. Il y a si longtemps qu'elles y sont habituées. »

Comme il disait ces mots, une masse énorme, lui tombant sur le cou, le jeta dans la rue, la tête la première. Furieux, il se releva, et vit dans le lointain deux chiens qui se sauvaient de toute la force de leurs pattes. Il voulut courir après eux; mais, au même instant, déboucha par la fenêtre toute l'armée des chiens captifs qui avait trouvé le chemin de la liberté. En vain La Douceur appela au secours, les aboiements couvraient sa voix : tout fut inutile. Ce jour-là, par le crime d'Arlequin, le bourreau n'eut rien à faire, et, comme le remarqua un journal officieux, il fallut voiler la statue de la Loi.

CHAPITRE X

DE LA PHILOSOPHIE CHEZ LES CHIENS.

Arlequin détalait comme un vieux loup, la queue entre les jambes, tandis que Jacinthe courait de toutes ses forces pour ne pas perdre la piste de son camarade. Après avoir tourné par des ruelles sombres, des rues étroites, des allées désertes, le bouledogue s'arrêta, la langue pendante, et se mit à souffler.

« Petit, dit-il à son compagnon, repose-toi, nous sommes chez nous. »

Ils étaient entrés dans une cour de ferme, bordée de deux côtés par des étables et des masures d'assez triste apparence. Devant eux s'élevaient d'énormes tas de fumier et d'immondices entre lesquels on apercevait un terrain planté d'oignons, de carottes, de salades, de melons. Cela ne ressemblait guère au château royal et à son frais gazon.

Le bouledogue enfonça ses pattes et son nez dans un tas de boue et en tira quelques os chargés de lambeaux sanglants; puis, sautant sur le fumier, il se mit à dévorer à pleine gueule la pâture que le hasard lui envoyait. Quant à Jacinthe, il s'était approché de la fontaine et baignait dans l'eau ses pattes écorchées et son museau brûlant.

« Or çà, freluquet, grogna le vieil Arlequin, quand tu auras fini de t'éplucher comme un canard, tu viendras souper avec moi, »

Jacinthe grimpa sur le fumier et sentit quelque plaisir à s'étendre sur cette couche rustique. Il prit du bout des dents l'os que lui passa son camarade : mais il était si las et si peu habitué à cette nouvelle cuisine, qu'il ne songea guère à manger.

« C'est ici que loge ton maître? dit-il au bouledogue.

— Mon cher enfant, je n'ai pas de maître et je n'en veux d'aucune sorte. Il y a deux ou trois ans, je suis entré ici, par hasard ; on m'y a laissé tranquille; dès la seconde nuit, j'ai payé ma bienvenue en mordant aux jambes certains curieux qui avaient sauté par-dessus les murs pour voir de près si la salade blanchissait. Depuis lors on me traite en ami de la maison. La nuit, je me promène dans ce potager ; le jour, je cours dans la ville ou je dors sur mon fumier ; personne ne s'inquiète de moi, je ne m'inquiète de personne. A mon âge, il n'en faut pas plus.

— Tu n'as donc pas toujours vécu de cette façon? demanda Jacinthe.

— Non, certes, mon enfant ; j'ai été jeune, et, comme tous ceux de ma race, j'ai aimé les hommes ; mais il y a longtemps que les misérables m'ont corrigé de ma folie.

— Ils t'ont battu, ils ont voulu te tuer?

— S'il n'y avait que cela, dit Arlequin, je les aimerais encore. Les coups de bâton n'ont rien qui effraye le cœur d'un chien ; l'homme est méchant, c'est sa nature, je m'y serais résigné. Ce que je ne lui pardonne pas, c'est d'être un ingrat et un traître. Écoute mon histoire et fais-en ton profit.

« Mon plus ancien souvenir est celui d'une belle jeune fille qui m'a élevé. Je la vois encore qui me prend dans ses bras, qui m'embrasse, qui émiette son pain dans une jatte de lait pour me l'offrir. Aussi, comme je l'aimais ! Du plus loin que j'apercevais cette chère enfant, je jappais, je sautais ; j'étais si heureux de l'amuser ! Son plaisir était ma vie. Après trois mois de cette mutuelle tendresse, un matin, ma charmante maîtresse s'aperçut que je grossissais ; le jour même, elle me vendit pour deux écus à la bouchère sa voisine. On me changea contre un carlin.

« Ma nouvelle patronne était une jeune veuve à qui son mari avait laissé un étal pour toute fortune. Il lui fallait travailler sans relâche, elle m'avait choisi pour m'associer à son travail. Tous les matins, elle m'attelait à une petite charrette, nous courions la ville pour prendre les ordres et porter la viande. La besogne était rude, mais elle ne me déplaisait pas, et je levais gravement la tête en traînant mon fardeau. Je m'étais attaché à la pauvre femme, j'étais fier de penser que, grâce à moi, ses affaires grandissaient chaque jour : je le sentais au poids de la charrette. Le seul défaut de ma bouchère, c'est qu'elle avait la main un peu leste ; c'était à coups de fouet qu'elle entretenait mon ardeur et récompensait mon zèle. Je m'y faisais, cependant : on est si bête quand on aime! Mais un matin, en réglant ses comptes, la dame s'aperçut qu'elle était assez riche pour prendre un cheval et un mari qui feraient les courses à sa place. On n'avait plus besoin de moi, mon rôle était fini. J'avais usé mes forces au service de ma maîtresse, ce fut elle même qui me mit à la porte ; je revins en gémissant tendrement, elle me reçut avec un bâton et m'arrangea de telle sorte, que les voisins me lapidèrent pour m'apprendre que, dans une ville bien ordonnée, personne n'a le droit de hurler quand on l'assomme.

« L'épreuve aurait dû me corriger ; mais j'étais un sot ; je ne pouvais vivre sans affection. Au bout de quelques jours, je portais le pain d'une boulangère qui me nourrissait mal et me battait souvent ; mais elle avait un enfant qui jouait avec moi : c'en était assez pour me faire oublier mes peines. Il y avait deux ans au moins que je travaillais pour mes nouveaux maîtres, quand une voiture accrocha notre modeste équipage et le renversa. J'avais une patte cassée, et ce fut sur trois jambes que je rentrai au logis. Je n'y restai pas longtemps. Ma guérison pouvait être longue et coûteuse, la boulangère était une femme économe, qui gardait pour elle son argent et sa pitié ; le soir même elle me caressait d'une main, tandis que de l'autre elle jetait dans ma pâtée des boulettes appétissantes. Survint une poule, qui en prit une becquetée ; aussitôt ses plumes se retroussèrent, elle ferma les yeux et tomba morte. Cela me fit réfléchir, et, la nuit même, je quittai cette maison ingrate, résolu de ne plus aimer personne. Ma première maîtresse m'avait vendu, la seconde m'avait battu, la troisième m'empoisonnait, la leçon était suffisante ; j'ai dit adieu aux hommes, et me suis fait loup pour les fuir et les mépriser.

— Tu as été malheureux, dit Jacinthe, le malheur rend injuste. Toutes les femmes ne sont pas des monstres comme celles qui t'ont si indignement traité.

— C'est ce qui te trompe, enfant, répondit le vieil Arlequin. Il n'y a pas à choisir dans cette triste engeance. Mâles ou femelles, petits ou grands, tous sont traîtres et pervers.

« Remarque d'abord qu'il n'est pas un seul de ces animaux à deux pieds qui ne rougisse de lui-même et qui n'essaye par tous les moyens de cacher la laideur de son corps. Nous autres chiens, qui sommes vigoureux, souples, beaux, élégants, nous nous montrons à tous les yeux tels que la nature nous a faits. Dès sa naissance, l'homme est difforme, nu, impuissant. Il lui faut une peau d'emprunt et des secours étrangers. Que deviendrait-il s'il ne s'habillait et ne se réchauffait à nos dépens? Cette femme qu'on admire à la promenade, et que tu suis peut-être, t'es-tu demandé ce que nous coûte sa beauté ? As-tu compté ce que l'homme égorge d'animaux, ses frères, pour que rien ne manque à la parure de cette femelle égoïste ? Plumes, fourrures, manchon, gants, chaussures, équipage, tout a été acheté par un meurtre ; tout, jusqu'à ces pommades avec lesquelles, matin et soir, elle se graisse les pattes et le museau. C'est le plus pur de notre sang qui fait la fraicheur de sa peau. Ah ! si les bêtes pouvaient s'entendre, il y a longtemps qu'elles auraient exterminé ce peuple cruel et perfide qui ne vit que de trahison et de carnage.

— Les loups en font autant, dit Jacinthe.

— Tu as raison, mon fils, dit Arlequin ; et si les hommes ne faisaient la guerre qu'aux autres animaux, peut-être aurais-je la faiblesse de les excuser. Je me dirais que la nature les a faits carnassiers, et qu'ils ne peuvent résister à la férocité de leur instinct. Mais il ne leur suffit pas de nous ôter la vie, ils ne sont heureux que lorsqu'ils s'entretuent les uns les autres. Les loups ne se mangent pas entre eux, le plus grand plaisir de l'homme est de surprendre et d'assassiner son semblable. Quatre cent mille Gobemouches, la fleur de la jeunesse, sont dressés chaque matin à l'art d'égorger leurs voisins et amis les Cocqsigrues ; six cent mille Cocqsigrues, l'espoir de l'avenir, passent les plus belles années de leur vie à apprendre péniblement la plus courte façon d'expédier leurs voisins et amis les Gobemouches. La terre est un jardin qui offre ses fruits à tout le monde, les hommes en ont fait un abattoir. Partout où ils passent il y a du sang. Encore si le vainqueur mangeait celui qu'il égorge, je comprendrais sa cruauté ; le chasseur vit de son gibier. Mais loin de là ! ils s'entretuent sans nécessité, par plaisir, pour respirer l'odeur de la boucherie. Quand deux armées se sont battues, on n'a pas encore enterré les cadavres que déjà les princes se donnent la main. Des deux côtés, on se complimente, on s'embrasse, on sonne les cloches, on tire le canon, tout est fête et liesse, on n'oublic que les morts et ceux qui restent pour les pleurer.

— Mais, dit Jacinthe, si les hommes sont si méchants de peuple à peuple, comment se fait-il qu'ils vivent dans un même pays sans se tuer les uns les autres?

— Je ne connais que les Gobemouches, répondit Arlequin, il n'est pas difficile de voir comment on maintient la paix entre eux. Il y a ici deux races distinctes : les vainqueurs et les vaincus, les conquérants et les serfs.

— Qui t'a dit cela? demanda Jacinthe.

— Mes yeux. N'as-tu pas remarqué que parmi les Gobemouches les uns ont des chapeaux à cornes et les autres des chapeaux ronds? Les premiers ont l'épée au côté, un uniforme et des décorations ; les seconds ont un habit ou une veste. Les uns portent la tête droite, ils ont le verbe haut, ils commandent : ce sont les maîtres ; les autres baissent le front, parlent bas et obéissent : ce sont les serfs. Tandis que les vaincus travaillent pour tout le monde, les vainqueurs font régner l'ordre à leur profit. »

Jacinthe regarda son compagnon ; tant d'ignorance l'étonnait, même chez un chien. Il saisit l'occasion de redresser les fausses idées d'Arlequin.

« Cher camarade, lui dit-il, je crois qu'il n'y a ici ni vaincus ni vainqueurs, ni serfs ni conquérants. Les hommes, à ce que j'ai ouï dire, obéissent à une règle qu'ils appellent la loi, et il y a en tout pays des officiers qui la font respecter.

— S'il en est ainsi, mon enfant, reprit le bouledogue, les hommes sont encore plus méchants que je n'imaginais. Quoi ! il faut que la moitié de la nation soit en armes pour contraindre l'autre moitié à vivre honnêtement ? Nous autres chiens avons-nous des officiers, des chapeaux à cornes, des épées ? Et cependant nous vivons en paix ; nos plus grandes querelles ne dépassent pas un coup de dents. Ainsi font les bœufs, les moutons, les loups même et les renards ; l'homme est le seul animal qu'il faille museler et battre pour qu'il ne dévore pas son frère. O race abominable, née pour le malheur du monde, je te maudis !

— Sais-tu, dit Jacinthe, qu'en t'écoutant je prends l'espèce humaine en horreur ?

— Si tu crois cela, pauvre enfant, tu ne connais pas ta faiblesse. La première femme qui te caressera, le premier homme qui te flattera, sera ton maître. Tu te laisseras tromper comme je l'ai fait. Chacun de nous autres, pauvres chiens, apporte en naissance un besoin d'aimer qui le perd. Il faut que notre cœur saigne par vingt blessures avant que l'expérience de la vie ne nous arrache notre dernière espérance, et alors....

— Que fait-on? dit Jacinthe.

— On se tait, on fuit dans un coin et on y crève. »

Après ces mots, le vieil Arlequin étendit son museau sur ses pattes allongées, et ne dit plus rien.

Jacinthe regarda tristement la lune qui se levait à l'horizon, mais il ne se livra pas longtemps à ces pensées sombres, ses yeux fatigués se fermèrent, et, roulé en boule, on l'entendit ronfler près de son compagnon.

CHAPITRE XI

GIROFLÉE.

Il faisait grand jour quand le prince-caniche s'éveilla. Arlequin n'était plus auprès de lui. Le vieux vagabond n'avait pu résister à son instinct ; il risquait sa peau à courir les rues. Jacinthe se demandait ce qu'il allait faire, lorsque dans une des masures de la cour, une fenêtre s'ouvrit. Une jeune fille vêtue d'un jupon et d'une simple chemise allongea son bras nu, et accrocha au mur une cage où sautillait un sansonnet. Puis, déroulant de longs cheveux qui tombaient en ondées et la couvraient tout entière, elle y passa le peigne, et se mit à tresser des nattes plus noires et plus veloutées que l'aile du corbeau. Qu'on soit chien ou qu'on soit homme, on a des yeux, Jacinthe, charmé, ne bougeait plus. Grande et souple, mince de taille, large des épaules, l'inconnue en jupon court avait l'air d'une reine. Quelle princesse ne lui eût envié sa peau blanche, son nez retroussé, ses grands yeux limpides, ses sourcils arqués ?

Sa toilette achevée, la jeune fille prit une carafe pour arroser deux pots de basilic et de réséda, tout son jardin ! Heureux de revoir le soleil, le sansonnet, toujours sautillant, agaçait sa maîtresse en battant des ailes : « Giroflée ! criait-il, Giroflée ! »

Ce nom tira Jacinthe de son extase. Était-ce par hasard la bien-aimée de Narcisse qu'il avait sous les yeux ? Comment le savoir ? La maison avait une enseigne : Lapointe, cloutier ; mais ces deux mots ne disaient rien.

Poussé par la curiosité, le prince s'approcha de la masure ; la porte s'ouvrit. Giroflée une cruche à la main, venait prendre de l'eau à la fontaine.

« Le joli toutou ! s'écria-t-elle en voyant le caniche ; viens, mignon ; n'aie pas peur, viens baiser ta petite maîtresse. »

Jacinthe était jeune et timide, il recula, mais si mollement qu'il se laissa prendre. On est si faible quand on est chien !

Après avoir lavé, savonné, séché son nouvel

esclave, Giroflée l'emmena dans la chambre où elle travaillait. C'était un grand atelier, avec des engins de toute espèce : une forge, deux enclumes, des établis avec leur étau, des paquets de fil de fer, des cisailles. Les murs étaient garnis de marteaux, de tenailles, de filières et d'une foule d'outils dont le prince ignorait le nom et l'usage. Ce qu'il voyait de plus clair, c'est qu'il était chez le citoyen Lapointe, et que, suivant toute apparence, Giroflée était la fille du cloutier.

Giroflée s'assit sur une petite chaise et prit son ouvrage, Jacinthe se coucha à ses pieds, les yeux fixés sur elle. Tout en raccommodant une robe qui avait vu de meilleurs jours, la jeune fille soupirait ; elle murmurait tout bas je ne sais quel refrain. Peu à peu le ton s'éleva. Ce fut avec l'accent de la passion, que Giroflée chanta cette vieille romance :

Du fond des grands bois
M'arrive une voix
Qui pleure et qui chante;
C'est mon bien-aimé,
Que tient enfermé
Une main méchante.
Oiseau bleu, couleur du temps,
Vole, vole, à tire-d'aile;

Va me chercher mon fidèle,
Je l'attends.

Déjà près de lui
Mon cœur s'est enfui;
Mon âme est absente.
Quand il reviendra,
Il me trouvera
Ou morte ou mourante.
Oiseau bleu, couleur du temps,
Vole, vole, etc.

Malgré ma pâleur,
Ami, ne prends peur
De ma léthargie.
Le bruit de tes pas,
Deux mots dits tout bas,
Me rendront la vie.
Oiseau bleu, couleur du temps,
Vole, vole, à tire-d'aile;
Va me chercher mon fidèle,
Je l'attends.

Jacinthe s'était dressé sur ses pattes et regardait Giroflée de façon si tendre, qu'elle en fut émue.

« Pauvre mignon! murmura-t-elle, on dirait que tu me comprends. Tu m'aimes donc? C'est toi qui seras mon fidèle. Veux-tu que je t'appelle ainsi : tu seras mon compagnon, mon seul ami, quand tout le monde m'abandonne. Ah! Fidèle, s'écria-t-elle tout à coup en fondant en larmes, que je suis malheureuse : j'aime tant Narcisse!

— Giroflée! Giroflée! » cria le sansonnet qu'on oubliait à la fenêtre.

La jeune fille tressaillit.

« Mon Dieu! qu'ai-je fait? dit-elle, j'ai livré mon secret. Je suis une honnête fille: Fidèle, ne me trahis pas, je te donnerai tout ce que tu voudras. Tiens, prends ce beau ruban, qui me vient de lui. Ne dis rien ou je suis perdue.

« Vraiment, reprit-elle avec un soupir, je suis folle: je m'imagine que cette bête m'entend, et qu'elle va parler. Viens, mignon; à ma folie tu gagneras au moins quelque chose! »

Et tout en baisant le caniche, elle lui mit au cou le plus beau des cordons bleus, attaché avec la plus fraîche des rosettes.

« Qu'est-ce que tu fais là? » dit une voix de tonnerre.

Jacinthe leva les yeux, et vit, devant lui, un cyclope barbu, qui avait du poil jusque sous les yeux. Un tablier de cuir lui montait au cou; sur ses mains noires et ses bras énormes, les veines marquaient comme des cordes tendues. C'était le père Lapointe dans ses atours.

« Un caniche à la maison ! continua le cloutier en regardant sa fille de travers ; il paraît que le pain est pour rien et que les écus traînent par terre. Il te faudra bientôt un bichon comme à une duchesse.

— Père, dit Giroflée, détournant l'orage, avez-vous trouvé de l'ouvrage, ce matin?

— De l'ouvrage, ce n'est pas ce qui manque, répondit l'ours toujours grognant. On me demande deux mille crochets pour la fin de la semaine. Qui les fera? Il me faut des bras. Où veux-tu que j'en trouve depuis qu'on m'a enlevé Narcisse! Jolie patrie que la nôtre! On vous prend vos jeunes gens pour en faire des soldats, on vous prend votre argent pour les nourrir. Qu'est-ce qui nous reste à nous autres vieux? Des dents longues, le ventre vide, et les yeux pour pleurer. On ne va pas loin avec ça.

— Mettez le fer au feu, mon père, je tirerai le soufflet.

— Beau métier pour une fille de patron ! Enfin, va toujours. Il n'y a pas de sot métier, comme on dit, il n'y a que de sottes gens. Mais penser que les uns crèvent en travaillant, tandis que les autres se gobergent !...

— Voyez si je ne souffle pas bien, dit Giroflée, tirant la chaîne en mesure.

— Tout le plaisir pour les uns, toute la peine et tous les coups pour les autres, est-ce juste? continua le cyclope en attisant le foyer. Voudraient-ils qu'on les traitât comme ils nous traitent? Si j'étais puissant, ce n'est pas moi qui serais dur pour les petits. Mais les riches, ça n'a point de cœur! »

Jacinthe admirait la philanthropie du cloutier; il reconnaissait là le père de Giroflée. Tout à coup Lapointe, qui avait oublié le caniche, l'aperçut de nouveau. Il se frappa le front.

« Attends, dit-il à Giroflée, j'ai mon idée, nous allons rire ; ôte-toi de là. »

Il y avait au pied de la forge une espèce de carcasse ronde en fil de fer, divisée par des palettes de bois ; on eût dit d'une grande roue d'écureuil. Lapointe l'emmancha, la fit tourner, et la mit en communication avec la chaîne du soufflet.

« Qu'est-ce que cela? demanda Giroflée.

— Ma fille, c'est la roue de cloutier dont se servait mon père, quand il travaillait à la mode de son pays. Pour la faire marcher, il nous faut maintenant un apprenti qui ne coûte pas cher, et qui ne boude pas devant la besogne; je l'ai trouvé. »

Disant cela, le forgeron empoigna l'innocent caniche, le jeta dans la cage de fer, et donna à la machine une si vigoureuse poussée que pour ne pas être emporté la tête en bas, Jacinthe se débattit comme un noyé et fit tourner la roue avec rapidité.

« Mon père, ne lui faites pas de mal, cria Giroflée.

— Ne faut-il pas le mettre dans du coton ? dit le forgeron. Qu'il gagne son pain comme moi, en travaillant. Quand il n'y a plus de repos pour les hommes, il n'y en a plus pour les chiens. En route, mirliflor, ou je tape. »

Jacinthe ne se le fit pas répéter; il allait, il allait sans relâche, mais les sages et tristes conseils d'Arlequin lui revenaient en mémoire; et, tout en tournant, il se disait qu'il eût mieux fait de rester sur son fumier que de suivre la belle Giroflée.

Au bout d'une heure on lui rendit la liberté. Mais six fois dans le jour l'infatigable Lapointe le remit dans la cage maudite; le pauvre caniche ne tenait plus sur ses pattes quand l'heure du souper arriva.

Le cloutier prit une grosse miche de pain et en coupa une tranche, mais au lieu de manger, il ficha son couteau dans le pain, but un verre d'eau et, regardant sa fille :

« Voyons, Giroflée, il est temps de parler affaires. J'ai vu M. Leloup ce matin. »

Giroflée ne dit rien ; mais Jacinthe, qu'elle caressait, sentit que sa main tremblait.

« J'ai causé avec lui, reprit Lapointe ; c'est un homme puissant, qui a de belles connaissances. Il m'a promis de me faire entrer au château comme concierge.

— Vous en livrée, mon père, vous qui avez toujours été votre maître ?

— Là-dessus, mon enfant, je m'en suis dit plus que tu ne m'en diras. Ce n'est pas volontiers qu'à mon âge on plie l'échine. Mais quoi ! j'ai cinquante ans, il y en a quarante-deux que je travaille, où suis-je arrivé ? Je t'ai élevée à grand'peine, je n'ai rien mis de côté, l'impôt me gruge, l'armée m'enlève mon apprenti, les années viennent et elles ne sont pas couleur de rose. Je suis las, je veux me reposer. Sans doute j'aimerais mieux être rentier si j'en avais les outils; mais faute de mieux je serai portier. Songes-y donc : douze cents francs de gages, sans parler des profits ou des étrennes, et logé, et chauffé, et éclairé, et rien à faire! Trouve-moi un métier où on gagne autant en s'éreintant du matin au soir? »

Giroflée ne répondit rien. Lapointe mangea une bouchée de pain et but un second verre d'eau. Il avait le gosier serré et ne pouvait avaler.

« Naturellement, continua-t-il en regardant sa fille, ce n'est pas pour mes beaux yeux que M. Leloup fera jouer ses machines. Tout dépend de toi, et, comme il me l'a répété ce matin, je peux compter sur lui quand il sera mon gendre.

— Il ne le sera jamais, dit Giroflée.

— Pourquoi cela? demanda Lapointe en serrant les dents.

— Parce que je ne l'aime pas.

— Dis donc parce que tu en aimes un autre, égoïste que tu es. C'est à Narcisse que tu me sacrifies.

— Je n'ai jamais dit que j'aimais Narcisse.

— Non, mais tout le monde l'a vu; moi le

premier. Je ne disais rien. Narcisse est un rude ouvrier; à deux on pouvait faire une bonne maison; mais à présent le voilà soldat. C'est quasi un homme mort. Il est temps d'être raisonnable, et pour toi et pour moi. »

Giroflée se tut; ce silence exaspéra Lapointe. Il frappa du poing sur la table :

« Répondras-tu ! dit-il. Tu es entêtée comme l'était ta mère; mais je l'ai fait obéir, et je saurai te faire plier. Tu seras madame Leloup, c'est ma volonté !

— Jamais ! dit Giroflée en se levant.

— Jamais ? cria Lapointe en se dressant sur ses pieds et en montrant le poing. Ose donc répéter ce mot-là ! Je t'apprendrai si on me brave. Je te dis que tu épouseras M. Leloup, et pas plus tard que dans quinze jours.

— Jamais ! » dit Giroflée.

Les mains du forgeron se crispèrent, il s'approcha de sa fille, et, pâle de colère, il leva le bras. Giroflée resta immobile et dit d'une voix ferme :

« Je suis la fille de mon père ; je n'ai pas peur ; frappez une femme, si vous l'osez. »

Le cyclope baissa la tête, ses bras tombèrent,

il regarda par terre autour de lui, comme un homme ivre, et, rencontrant le pauvre caniche :

« Crapaud ! cria-t-il, tu seras donc toujours dans mes jambes ! »

Et d'un coup de pied il l'envoya faire la culbute à dix pas devant lui.

Jacinthe, éploré, s'était sauvé dans les bras de sa maîtresse; Lapointe était retombé sur sa chaise. Morne et muet, il hachait son pain avec son couteau, quand la porte s'ouvrit doucement. Un homme, un soldat, entra sur la pointe du pied en faisant le salut militaire; c'était Narcisse dans tout l'éclat de son uniforme.

« Bonjour, la compagnie, dit-il. Je ne vous dérange pas ? Vous vous portez bien, mademoiselle Giroflée, et moi aussi, merci. Et vous, père Lapointe, toujours gai ! toujours luron, un vrai jeune homme !

— Asseyez-vous, monsieur Narcisse, dit Giroflée.

— Merci, mademoiselle ; ne vous dérangez pas. Tiens, vous avez un chien ; on vous l'a donné ?

— Non, je l'ai trouvé ce matin dans la cour.

— Attendez donc, je le reconnais, dit Narcisse

en s'approchant de Giroflée. Il y a deux jours j'ai sauvé la vie à un caniche comme celui-là, en le cachant sous ma guérite. Même que j'ai eu des raisons à son propos avec... »

Il s'arrêta.

« Avec qui? dit Giroflée.

— Avec personne, reprit Narcisse en se mordant les lèvres. Regardez, mademoiselle, c'est bien mon protégé ; voyez-vous comme il me lèche la main. Ah! les chiens ne sont pas des ingrats!

— C'est bien à vous d'avoir sauvé cette pauvre bête, dit Giroflée. Viens, mon Fidèle, viens que je t'embrasse.

— Fidèle, c'est un joli nom, dit Narcisse en soupirant.

— Ah çà! qu'est-ce qui t'amène ici? dit le cloutier de son ton le plus bourru.

— Merci, père Lapointe, vous êtes bien aimable. Ce qui m'amène, c'est le plaisir de vous voir et aussi de vous dire adieu.

— Vous partez? dit Giroflée d'une voix émue.

— Oui, mademoiselle, demain matin ; le régiment va tenir garnison à la frontière, loin d'ici. »

Chacun garda le silence ; Giroflée se leva pour

cacher une larme ; Narcisse prit le chien sur ses genoux pour se donner une contenance, et, caressant l'animal à chaque mot, il dit d'une voix entrecoupée :

« Vous comprenez, père Lapointe, quand on a été dix ans dans une maison... qu'on y est entré tout enfant. . qu'on a eu des amis... qu'on s'est fait des idées... et qu'il faut partir... vous comprenez, mademoiselle, on se dit : Je m'en vais... je m'en vais pour longtemps... et quand je reviendrai... si je reviens... ça ne sera plus la même chose, et alors... avant de s'en aller pour jamais, on va voir ceux qu'on aime... on voudrait emporter avec soi... vous comprenez ? »

Et il embrassa le caniche juste à l'endroit où Giroflée avait posé ses lèvres.

« Bon voyage, mon garçon, dit Lapointe en se levant. Tiens, prends un verre de vin, je bois à ta santé.

— A la vôtre, à celle de la compagnie, dit Narcisse qui ne pouvait tenir son verre dans sa main tremblante; adieu, père Lapointe, adieu, mademoiselle Giroflée, adieu, Fidèle.

— Adieu, monsieur Narcisse, murmura la pauvre fille.

. . . .

— Adieu et bonne chance, dit le forgeron en poussant le soldat vers la porte ; je vais te reconduire un bout de chemin. »

Quand Lapointe rentra, Giroflée s'était retirée dans sa chambre. Jacinthe reposait dans un coin. Le cloutier alluma une mauvaise lampe, et, secouant le caniche par la peau du cou :

« A nous deux, mirliflor, lui dit-il en le remettant dans sa prison mobile. Nous ne sommes pas ici pour nous amuser. Il faut travailler dur jusqu'à minuit. Mourons à la peine ; ainsi le veut la princesse Giroflée ! »

Les heures sont longues quand on tourne dans un moulin. Jacinthe eut tout le temps de songer aux passions des autres, et plus d'une fois un coup de tisonnier l'empêcha de s'apitoyer outre mesure sur les douleurs d'autrui. Rendu à lui-même, il s'étendit sur un paillasson graisseux et se mit à réfléchir sur sa triste condition. Il revit le fumier où il avait dormi la veille et la fourrière où il allait être pendu ; il revit le terrible Leloup qui le chassait du château de ses pères, il entendit une seconde fois les discours de Pieborgne, et les lamentations du baron Pleurard ; mais par-dessus tout il revit la blonde Tamaris et son doux regard. Il soupira, et tout à coup, à sa grande joie, il se retrouva au palais, dans sa chambre royale, sur son lit tendu de satin. La reine veillait auprès de lui.

CHAPITRE XII

DE L'INFLUENCE POLITIQUE DES CHIENS CHEZ LES GOBEMOUCHES.

« Ah ! ma mère, s'écria Jacinthe, quel rêve j'ai fait !

— Silence, mon enfant, dit la reine. Point d'explication ; il y va de ta vie et de la mienne. Tout ce que je puis te dire, c'est que, seule, je suis entrée dans ta chambre, et que, s'il y a un secret à garder, ce secret restera entre nous deux. Le peuple ne saura que ce que nous lui dirons. Voici *la Vérité officielle*, prends et lis. »

En tête de la première colonne, le journal portait imprimé en gros caractères ce qui suit :

« Acclamé par l'enthousiasme d'un peuple en délire, le roi a éprouvé une émotion si vive que sa santé en a été ébranlée. Les médecins ont ordonné à Sa Majesté un repos de deux jours.

L'indisposition est sans gravité, on espère que demain Sa Majesté pourra présider le conseil des ministres. Un prince qui ne peut résister à la joie que lui cause l'amour de son peuple, c'est un spectacle admirable. L'histoire et les arts en transmettront le souvenir à la postérité. Heureuse de se sentir aimée, la fidèle nation des Gobemouches gardera une éternelle reconnaissance à son jeune monarque. Elle sait que les âmes sensibles sont les plus courageuses : un cœur que l'amour fait palpiter ne tremble pas devant l'ennemi. »

« Ma mère, dit Jacinthe, vous n'avez pas écrit cela ?

— Mon fils, c'est le chevalier Piborgne, notre rédacteur en titre, qui, sur la nouvelle de ta maladie, a inséré ces quelques lignes dans *la Vérité officielle*.

— Mais c'est un mensonge !

— Mon fils, dit la reine en souriant, n'emploie donc pas ce vilain mot. En politique, il n'y a ni mensonge, ni vérité, tout est convention, comme dans la comédie. Les Gobemouches ne demandent pas qu'on leur dise la vérité, ils en ont peur ; ils demandent qu'on les amuse. On les sert à leur goût. Ce petit article les charmera, il ne fera de mal à personne ; quoi de plus innocent?

— Ma mère, dit tristement Jacinthe, vous m'avez appris qu'il fallait toujours dire la vérité.

— Sans doute, mon fils. Le mensonge est indigne d'un galant homme, à plus forte raison d'un prince; on doit la vérité à son prochain; mais au peuple, c'est autre chose. Le peuple est un enfant; on le trompe, dans son intérêt, pour qu'il se tienne tranquille et qu'il obéisse.

— Il y a donc deux morales?

— Demande à tes ministres, mon cher enfant. Voici l'heure du conseil, et, depuis deux jours, ils t'attendent. Quant à moi, je ne sais qu'une chose, c'est que je t'aime et que je t'embrasse. Adieu, beau philosophe! »

Une fois levé, Jacinthe prit sa cravache et marcha droit à la pièce où logeait la meute royale. A sa vue, tous les chiens bondirent; il y eut des cris, des tendresses, des aboiements à n'en pas finir. Ce qui surprit Jacinthe, c'est que, rendu à la forme humaine, il entendait encore le langage des chiens. La curiosité le désarma, et, au lieu de fouetter ce peuple ingrat, qui l'avait méconnu, il s'amusa à l'écouter.

« C'est le maître, disait un épagneul en lui prodiguant ses caresses.

— Peut-être a-t-il du sucre dans sa poche, murmurait une levrette des plus tendres.

— Il a un fouet, » aboyait un lévrier en lui léchant la main.

D'un coup de cravache, Jacinthe se débarrassa de cette troupe servile, et il entra dans la salle du conseil.

A l'instant, Touche-à-Tout, Pleurard et Picborgne se levèrent; ils coururent au prince avec tant de vivacité, ils lui firent tant de compliments, ils lui prirent les mains avec tant de chaleur, que, malgré lui, Jacinthe pensa à ses lévriers; mais il réprima cette pensée scandaleuse, et ce fut dans les termes les plus affectueux qu'il remercia les ministres de l'intérêt qu'ils prenaient à sa santé.

La séance ouverte, le comte de Touche-à-Tout présenta à la signature cinq cents nominations, l'arriéré de deux jours. Le prince commençait à savoir son métier; il prit la plume et se mit à signer les dossiers sans en regarder le contenu. Tout en écrivant, il causait avec les ministres, charmés de tant de facilité.

« Comte de Touche-à-Tout, dit-il, préparez-moi, je vous prie, un décret de plus. Il y a au château une meute inutile, je la supprime. J'entends que, dans une heure, on me débarrasse de ces animaux.

— Sire, dit le comte en prenant un ton des plus graves, ce que demande Votre Majesté ne peut se faire aussi vite qu'elle le désire. C'est une grosse affaire ; il y a là des positions à ménager, il faut du temps.

— Quoi ! s'écria Jacinthe, moi, le roi, je n'ai pas le droit de mettre mes chiens à la porte ?

— Sire, il y a un capitaine de meute et deux adjoints ; ce sont des fonctionnaires, et ils n'ont pas démérité ; l'administration est engagée avec eux.

— Fort bien, dit le prince. Je ne veux faire de tort à personne. Envoyez les chiens au diable, et que le capitaine garde son titre et son traitement.

— C'est chose impossible, dit Touche-à-Tout ; il ne peut y avoir de traitement sans fonction ; ce serait une illégalité, la loi est formelle.

— Ainsi donc, dit Jacinthe, qui commençait à perdre patience, il faudra que je garde ces chiens chez moi, malgré moi, pour le bon plaisir de M. le capitaine de meute et de ses deux adjoints?

— Que Votre Majesté veuille bien m'écouter avec indulgence, reprit le sage ministre. Elle sentira bientôt que, si je risque de lui déplaire, c'est qu'il y a en jeu le plus grand intérêt de la monarchie ; mon devoir est de le défendre.

— Quoi! s'écria le prince d'un ton dédaigneux, mon trône est ébranlé si je ferme mon chenil?

— Sire, il n'y a pas de petite question en politique. La monarchie des Gobemouches doit sa splendeur à cette centralisation que le monde nous envie. L'administration est un vaste filet qui, dans ces mailles étroites, enserre et captive le plus grand comme le plus petit de vos sujets. Rompez un seul nœud, tout passe au travers du trou, chacun fait ce qu'il veut.

— Et nous ne sommes plus des Gobemouches, dit le baron Pleurard avec le cri du patriotisme indigné.

— Mais l'administration, reprit Touche-à-Tout, n'est pas une abstraction chimérique; c'est un corps vivant qui réunit toutes les lumières, toute l'énergie, toute la volonté de la nation; c'est une armée civile qui a son esprit particulier, son honneur, ses traditions, ses jalousies légitimes. Il faut la ménager, sire, vous en avez besoin autant que de vos soldats. C'est peu de chose qu'un capitaine de meute, mais, si peu qu'il soit, dès qu'il fait partie de l'administration, il est sacré. On n'y peut toucher sans effrayer tous les serviteurs de l'État. Mieux vaut cent fois conserver une fonction inutile que de licencier un fonctionnaire et de blesser l'armée qui l'a reçu dans ses rangs.

— Et le peuple qui paye, y pensez-vous? demanda Jacinthe.

— Le peuple est fait pour payer, il a été créé pour cela, dit le baron Pleurard en regardant le prince d'un air étonné.

— Sire, reprit Touche-à-Tout, je ne pousserai pas la rigueur des principes aussi loin que le fait mon honorable collègue. Un monarque a raison de ménager son peuple et de ne pas lui imposer de charges inutiles; mais, entre deux inconvénients, il faut choisir le moindre. Quelques millions payés sans grande nécessité par la foule, qu'est-ce que cela à côté de l'intérêt et des droits de l'administration ?

— Arlequin, s'écria le prince, tu as raison : il y a deux peuples dans mon empire ! »

Les trois ministres se regardèrent. Arlequin n'est pas un inconnu chez les Gobemouches ; il a quelquefois paru sur le théâtre, mais on n'a pas l'habitude de l'invoquer comme une autorité politique.

« Sire, dit Touche-à-Tout, que Votre Majesté veuille bien s'en remettre à mon zèle ; d'ici à quelque temps, tout sera arrangé à sa parfaite satisfaction. On créera quelque poste nouveau pour ces trois hommes, et on trouvera moyen de les déplacer en les avançant.

— Fort bien, monsieur, dit sèchement le jeune roi. Je vois que l'administration tient en tutelle le prince aussi bien que le peuple ; c'est elle qui règne et non pas moi. A l'occasion, je m'en souviendrai. Passons à l'ordre du jour. »

Le ministre choisit un certain nombre de dossiers, les feuilleta, les rangea, et, prenant son ton le plus important :

« Sire, dit-il, vos illustres ancêtres, ces grands législateurs, ont depuis si longtemps modéré, réglé et réglementé l'activité de vos peuples, qu'après eux nous n'avons plus qu'à glaner. Mais si rien n'a échappé à leur prudence ingénieuse, s'ils ont enrégimenté les hommes et les choses, la vérité me force à dire qu'ils ont complétement oublié un des principaux éléments de la société, les bêtes, et, au premier rang, les chiens qui, tout à l'heure, éveillaient justement la sollicitude de Votre Majesté.

« Pour combler cette lacune politique, nous avons déjà fait quelque chose. Les chiens ont été numérotés et soumis à la patente comme les citoyens. L'égalité est satisfaite. Mais on peut et l'on doit aller plus loin. Il y a là un champ d'expérience des plus féconds. Nous pouvons essayer sur la race canine toutes les améliorations dont l'humanité profitera plus tard.

« C'est pour entrer dans cette voie nouvelle qu'on propose à l'approbation de Votre Majesté le projet de loi que je vais avoir l'honneur de lui lire. C'est un premier essai de physiologie législative.

PROJET DE LOI TOUCHANT L'AMÉLIORATION ET LA RÉGÉNÉRATION DE LA RACE CANINE.

« Jacinthe, par la grâce du sort et la protection des fées, etc., etc.,

« Considérant que d'après les récentes découvertes de la science, la sélection est le moyen naturel d'améliorer et de régénérer les races;

« Considérant que si l'on n'a pas encore trouvé une méthode pour appliquer ce procédé à la race humaine, il est d'autant plus urgent d'en faire l'essai sur la race canine;

« Considérant que le pays des Gobemouches est depuis longtemps renommé par les espèces de chiens qu'il nourrit, qu'on y trouve les plus beaux types de chiens courants, chiens d'arrêt, chiens de garde, bassets, chiens de berger, bichons, griffons, chiens de dame, etc.;

« Considérant qu'il est nécessaire de ne pas souffrir plus longtemps des mélanges adultères qui corrompent et abâtardissent la pureté des types;

« Ordonnons qu'à compter du jour où la présente loi sera promulguée, la police saisisse et supprime administrativement les races turbulentes et grossières, les espèces inférieures ou métisses, telles que chiens-loups, mâtins, boule-dogues, caniches, carlins, etc., ainsi que toute bête de poil douteux qui ne pourra justifier de la pureté de son sang et de la noblesse de sa généalogie. »

« Sire, ajouta le ministre, il y a dans cette mesure une pensée politique qui n'échappera pas à Votre Majesté. Quand nous aurons appliqué la sélection aux chiens, aux chevaux, aux ânes, aux vaches, aux chèvres, aux brebis, aux poules, aux pigeons, aux canards, aux dindons et aux oies, quand il n'y aura plus dans vos États que des races fines, aristocratiques, élégantes et dociles, la magnificence de ce spectacle fera sentir aux Gobemouches qu'un gouvernement paternel ne doit pas s'en tenir aux bêtes, et qu'il lui appartient de régler les alliances humaines, afin de conserver dans son empire la pureté et la noblesse du sang. Une fois là, nous serons vraiment le premier peuple de la terre, dignes sujets d'un prince à qui les fées, ses marraines, ont donné en partage la grâce et la beauté. »

Après cette tirade éloquente, Touche-à-Tout s'arrêta d'un air satisfait et attendit le juste tribut d'hommages que méritait une politique si neuve et si profonde. Jacinthe resta muet, il était pâle, ses lèvres tremblaient.

« Monsieur, dit-il d'une voix saccadée, je veux croire que votre langage est sérieux. La manie de réglementer vous cache ce qu'il y a d'odieux et de ridicule dans ce projet. Vous avez si souvent disposé des hommes à votre bon plaisir qu'il vous paraît tout naturel d'en user sans plus de façon avec le reste de la création. De quel droit condamnez-vous à mort des êtres sans défense que Dieu a faits vos compagnons et qu'il a confiés à votre pitié? Quoi! c'est pour expérimenter un système que vous verserez froidement le sang des misérables? Si j'en crois mon cœur, ce n'est pas ainsi qu'on gouverne. Le premier devoir du prince c'est de respecter, c'est de ménager tout ce qui l'entoure, c'est de laisser vivre. N'éteignez pas ce flambeau que vous ne pouvez rallumer. Quel est le tort de ces pauvres bêtes? La laideur? Ce n'est pas un délit. La fidélité? Ce n'est pas un crime. Est-ce donc leur indépendance qui vous blesse? Avez-vous tellement asservi les hommes que vous ne puissiez plus souffrir même la liberté des chiens?

— Admirable! s'écria Pieborgne en se levant, admirable! Si je manque aux convenances, je prie Votre Majesté de me pardonner. Je n'examine pas le fond des choses, cela m'est fort égal, mais la forme, mais le mouvement, mais le choix des mots, mais l'ironie ! Ah ! sire, il est heureux pour nous que vous soyez roi, vous auriez effacé tous les avocats ! »

Touche-à-Tout, qui ne partageait pas l'enthousiasme de Pieborgne, regarda froidement le prince et, d'un ton sentencieux :

« Sire, dit-il, nous ne pouvons qu'applaudir aux généreux sentiments de Votre Majesté. A votre âge, sire, il serait regrettable que votre cœur ne brûlât pas de ce feu sacré. Mais l'expérience modifiera ces illusions décevantes ; Votre Majesté apprendra que la politique n'a rien de commun avec l'humanité. C'est en prodiguant l'or et le sang des peuples que vos ancêtres ont fait de grandes choses ; les petits-fils admirent ceux qui ont envoyé leurs grands-pères à la mort. La postérité n'adore que les conquérants. Il ne faut pas se laisser tromper par une fausse pitié ; les peuples sont faits pour être menés ; ils mordent la main qui les caresse, ils lèchent la main qui les écrase ; l'histoire est là pour l'attester.

« Laissons donc de côté ces vains scrupules d'humanité. En politique comme en médecine, on se trouve mal la première fois qu'on fait couler le sang, mais celui-là seul est un grand politique et un grand médecin qui s'endurcit le cœur aux souffrances d'autrui, et ne voit que le but qu'il a devant lui.

« Venons maintenant à la loi qui effraye Votre Majesté. Aider la nature, en faisant disparaître quelques individus pour perfectionner l'espèce, réaliser les plus hautes conceptions de la philosophie moderne, cela déplaît à Votre Majesté : elle craint les systèmes, soit ; restons terre à terre, et ne nous inquiétons que des intérêts d'aujourd'hui. Il y a une raison décisive pour prendre un parti héroïque ; cette raison, la voici :

« Si Votre Majesté veut jeter les yeux sur ce dossier, elle verra que la police vient de découvrir une conspiration détestable. Des gens qui ne respectent rien se sont entendus pour livrer la ville à des ennemis de la pire espèce. La fourrière, la prison des chiens errants et mal famés, a été minée ; on a déchaîné ces malfaiteurs sur les citoyens paisibles. L'effroi est partout. Heureusement la police veille, on est sur les traces des coupables ; ils n'échapperont pas à la vindicte des lois.

— C'est affreux, c'est épouvantable, cria le baron Pleurard.

— C'est tout bonnement ridicule, dit froidement Jacinthe. Que signifie tout ce bruit, toute cette agitation pour des chiens qui se sont sauvés par un trou ?

— Oui, dit le baron, mais qui a creusé ce trou ? C'est là qu'est la gravité du fait.

— Les inspecteurs, dit Touche-à-Tout, ne sont pas d'accord sur les outils dont on s'est servi ; mais ils sont unanimes en ce point que l'œuvre est faite de main d'homme et qu'elle accuse une habileté infernale. On suppose même que le geôlier est complice, et on demande sa destitution.

— C'est trop fort, dit Jacinthe en haussant les épaules. Si c'est à cela que sert l'inspection et l'administration, c'est la plus inutile de toutes les dépenses. Rassurez-vous, messieurs, il n'y a pas de conspiration. Ces chiens, que vous supprimez si lestement, ont eu plus d'esprit que vos inspecteurs, ils ont fait eux-mêmes le trou par où ils se sont sauvés.

— Sire, dit Touche-à-Tout d'un ton assez rogue, les rapports sont là. Ce n'est pas sur des suppositions plus ou moins ingénieuses que l'administration se décide. Les inspecteurs se sont rendus sur les lieux, ils ont tout vu par eux-mêmes.

— Eh bien, moi aussi j'ai tout vu, s'écria Jacinthe irrité. Cela vous étonne, monsieur le ministre? Oui, mieux que votre police, je sais ce qui s'est passé à la fourrière ; je sais ce que vous ignorez peut-être, qu'avant-hier on y a mis la levrette de la femme de chambre de votre fille.

— En effet, sire, dit Touche-à-Tout étonné.

— Je sais qu'un certain capitaine de Gobéa a dénoncé le geôlier La Douceur au général en chef de nos armées.

— Il est vrai, dit Touche-à-Tout confondu.

— Et je sais avec la même certitude, que deux chiens, que je ne vous nommerai pas, ont creusé ce terrier infernal qui met votre police et vos inspecteurs en défaut.

— Vive le roi! cria joyeusement Pieborgne. Sa Majesté éclipse le calife de Bagdad : les Gobe-mouches auront leur *Bondocani !* »

Touche-à-Tout regarda l'avocat de travers, et s'entêtant comme un joueur qui risque sa dernière carte :

« Si les chiens, dit-il, ont assez d'esprit pour forcer eux-mêmes la prison où la loi les enferme, il est urgent d'en finir avec ces insurgés de nouvelle espèce. Autrement on en a tout à craindre, ainsi que le prouve la pièce suivante que j'ai reçue ce matin.

« L'inspecteur général des jardins royaux a l'honneur d'exposer à S. E. M. le ministre qu'avant-hier, vers dix heures de la matinée, le gardien Leloup a rencontré dans le parc un chien métis de grosse espèce, à poil blanc et frisé. Cet animal n'ayant ni collier, ni muselière, ni rien de ce qui distingue un chien bourgeois, n'avait pu s'introduire dans les jardins royaux que par la négligence ou la connivence des factionnaires.

« Remarquant que cette bête s'attachait surtout aux enfants, le gardien Leloup l'a suivie, et s'est bientôt aperçu qu'elle était enragée. Elle avait les yeux hagards et la gueule écumante. Aussitôt, sans songer au péril, et quoiqu'il ne fût armé que d'une simple canne, le brave Leloup s'est précipité sur ce redoutable adversaire. Une lutte terrible s'est engagée; l'animal s'est plusieurs fois jeté sur ledit Leloup, qui a été assez heureux pour n'être pas mordu.

« La victoire est restée au représentant de l'autorité. Le chien, blessé mortellement, s'est enfui dans la rue, mais pour y rendre le dernier soupir.

« On tremble en songeant aux victimes innocentes qu'aurait pu faire un pareil monstre, sans le dévouement du sieur Leloup, qui n'en est pas à son coup d'essai. »

« Sire, continua Touche-à-Tout, j'ai préparé un décret par lequel Votre Majesté confère une médaille et une pension au brave qui s'est distingué si noblement. »

Pour toute réponse Jacinthe déchira le papier qu'on lui présentait.

« Faites-moi, dit-il, un décret qui destitue le sieur Leloup ; c'est un infâme menteur, et l'inspecteur général est un niais qui s'est laissé duper par un fripon.

— Sire, dit Touche-à-Tout, il y a un procès-verbal. Un procès-verbal fait foi jusqu'à inscription de faux.

— Eh bien, je m'inscris en faux, reprit Jacinthe, j'étais là, j'ai tout vu, le monstre était un caniche inoffensif qui n'était pas enragé, qui n'a mordu personne, et que personne n'a tué. La belle chose que l'administration pour découvrir le contraire de la vérité !

— Sire, dit Touche-à-Tout, je vois avec regret que mes services n'ont pas le bonheur de plaire à Sa Majesté et je la prie respectueusement d'agréer ma démission.

— Monsieur le comte, vous avez tort de prendre si vivement les choses. Je ne vous rends pas responsable des fautes et de l'ignorance d'un subalterne.

— Sire, je suis profondément touché de vos bontés. Si je me retire, ce n'est pas que mon amour-propre soit blessé ; moi et les miens, nous serons toujours aux pieds de Votre Majesté. Mais je suis le chef de l'administration, de ce grand corps qui contient le peuple et soutient l'État. Du jour où l'administration est discutée, où son infaillibilité est mise en doute, son prestige est détruit, sa force dissipée ; l'anarchie est aux portes, la royauté est compromise. Je ne m'associerai pas à cette dissolution du lien social ; j'ai grandi avec l'administration, je tomberai avec elle.

— Fort bien, dit le roi. Baron Pleurard, je

vous nomme à la place du comte de Touche-à-Tout ; préparez le décret.

— Sire, dit le baron, d'une voix lamentable, je suis ici pour obéir aux ordres de Votre Majesté. »

Le décret signé, Jacinthe sortit de mauvaise humeur. Les trois ministres restèrent en présence.

« Cher comte, dit le baron, je vous félicite de votre énergie. Le prince est jeune, il avait besoin d'une leçon ; vous ne lui avez pas ménagé la vérité.

— Oui, dit Touche-à-Tout, et cela ne vous a pas empêché de prendre ma place.

— Quoi ! mon bon ami, s'écria le baron, vous méprenez-vous sur le motif qui me fait agir ?... Ne voyez-vous pas que ce jeune homme est imbu d'idées révolutionnaires ? Me retirer, c'était le livrer aux méchants qui abuseraient de son innocence. C'est pour sauver l'administration que je me suis sacrifié.

— Vraiment, dit le comte, d'un ton ironique, je ne savais pas à quel point je vous étais obligé, mon cher ami. A la première occasion comptez sur ma reconnaissance. »

Dès que Touche-à-Tout fut parti, Pieborgne se mit à rire aux éclats.

« Il est vexé, dit-il ; mais après tout il n'a que ce qu'il mérite ! N'avait-il pas assez des Gobe-mouches à taquiner, et ne pouvait-il pas laisser les chiens tranquilles ? Moi je suis chasseur : vive les chiens ! C'est ce qu'il y a de meilleur dans l'homme ! Si j'avais quatre pattes je demanderais qu'on dressât à Sa Majesté un arc de triomphe, avec l'inscription suivante en lettres d'or :

A LEUR SAUVEUR, LES CANICHES RECONNAISSANTS. »

Tandis que l'avocat se moquait de tout, suivant la coutume de sa tribu, le ministre disgracié faisait visite au commandant en chef de l'armée. Après une courte conférence il rentrait chez lui, d'un pas ferme, appelait sa fille, causait avec elle, et ne faisait point ses paquets.

CHAPITRE XIII

SI VIS PACEM, PARA BELLUM.

Tout étonné de la résolution qu'il avait prise, le prince se promenait à grands pas dans un des salons du château : il se demandait s'il n'avait pas été trop loin en acceptant la démission d'un ministre habile et fidèle, et commençait à trouver qu'il y a plus d'une épine dans le métier de roi. Il allait consulter sa mère, quand le chambellan de service lui remit une lettre, et aussitôt, comme un boulet lancé à pleine volée, entra le commandant en chef des armées royales, le général baron Bombe.

C'était un grand et gros homme de cinquante ans. Il marchait d'un pas ferme, la poitrine en avant, les épaules effacées, le cou roide. Des cheveux ras, un front bas, un nez retroussé, une mâchoire puissante, des joues retombant sur un col étroitement bouclé, donnaient au général un aspect peu aimable, mais qui ne déplut pas au roi. Il lui trouvait un faux air de son vieil ami Arlequin.

« Sire, dit le baron avec une voix de Stentor, je demande pardon à Votre Majesté de forcer la consigne ; mais je reçois à l'instant des nouvelles qu'il est de mon devoir de communiquer au roi. Je les portais au comte de Touche-à-Tout quand j'ai appris qu'il n'était plus en place. J'ai pris sur moi de violer l'étiquette. Quand le roi m'aura entendu, il m'excusera.

— Parlez, général ; vous m'effrayez. Est-ce que l'État est en péril?

— Oui, sire, on outrage Votre Majesté ; on insulte la nation des Gobemouches. Le roi des Cocqsigrues ne met plus de bornes à son insolence ; j'en ai la preuve dans ces lettres que je tiens à la main. Mais nous lui ferons rentrer ses injures dans la gorge, sacré mille tonnerres! Pardon, Majesté, je suis un vieux soldat, je ne sais pas mâcher les mots.

— Bien, dit Jacinthe en souriant. Asseyez-vous, général, je vous écoute.

— Sire, dit le baron, la reine votre mère, que

Dieu garde, est une grande et sage princesse! mais depuis six années elle n'a qu'une idée, c'est de vivre en paix avec tous ses voisins. Aussi qu'est-il arrivé? Ce que j'avais prédit. Ces gredins de Cocqsigrues ont travaillé, fabriqué, acheté, vendu; ils se sont enrichis; ils ont multiplié comme des lapins, et maintenant ces messieurs nous tiennent tête. Ils osent dire qu'ils ne sont ni moins nombreux ni moins braves que nous, et que si nous nous mêlons de leurs affaires, nous trouverons à qui parler.

— Et cela vous inquiète, général?

— Non, sire, mais ça me vexe. Si ces drôles-là sont les maîtres chez eux, alors nous ne sommes plus la grande nation. Ce ne sont plus les Gobe-mouches qui font trembler la terre; nous sommes diminués.

— Est-ce là votre opinion, mon cher baron?

— Sire, c'est l'opinion universelle. Depuis six ans on tient cinq cent mille hommes au port d'armes, l'impatience les gagne. Depuis six ans les officiers n'avancent pas; on ne leur a pas procuré une seule de ces heureuses chances qui, en trois jours, font gagner deux grades à l'ancienneté; l'armée s'ennuie, l'armée est humiliée. Que Votre Majesté y fasse attention ; ça ne peut pas durer, les fusils partiront tout seuls.

— Mais, général, j'ai mon peuple à ménager, je ne puis pas faire la guerre parce que mes voisins grandissent et que mes officiers veulent de l'avancement. Encore faut-il une raison.

— Je croyais avoir dit à Votre Majesté que le roi des Cocqsigrues l'avait grossièrement outragé ; est-il nécessaire de répéter à Votre Majesté ces injures exécrables ?

— Pour en être blessé, dit Jacinthe, encore faut-il que je les connaisse.

— Eh bien, sire, ces lettres confidentielles m'annoncent qu'en apprenant votre indisposition, le roi des Cocqsigrues a dit, après dîner, à son frère le grand-duc et devant ses aides de camp : « Que pensez-vous de ce mignon des fées qui se trouve mal au bruit d'un feu d'artifice ? » Et le grand-duc a répondu : « Je ne serais pas fâché de me trouver face à face avec ce petit jeune homme. J'imagine que j'ai plus de poil dans le creux de la main que ce blanc-bec n'en a au menton. »

— Il a dit blanc-bec ? s'écria Jacinthe en se levant, pâle de colère.

— Oui, sacré mille tonnerres! il a dit blanc-bec; les journaux vont le répéter, l'armée le saura, le peuple des Gobemouches apprendra qu'on l'insulte dans la personne de son roi bien-aimé.

— Ah! le grand-duc veut me voir face à face! dit Jacinthe, les dents serrées, nous lui donnerons ce plaisir, et bientôt.

— Bravo, sire! cria le baron Bombe, vous êtes le digne fils de votre vaillant père! Ne perdons pas un instant. Tout est prêt; les arsenaux regorgent de munitions, les magasins sont remplis, l'armée est au complet, rien n'est plus aisé que de masser trois cent mille hommes sur la frontière et de surprendre l'ennemi. Votre Majesté ne doit-elle pas se montrer aux peuples de ses provinces? Qu'elle hâte son voyage. Je concentre les troupes sous prétexte de revue, et tout d'un coup, au moment où l'adversaire est en pleine sécurité, on lui adresse un ultimatum foudroyant, on fond sur lui, on l'écrase. Ah! Majesté, quand on verra flotter au vent notre vieux drapeau, tenu par votre jeune main, quelle joie chez votre peuple! quels transports dans l'armée! quel enthousiasme universel! Sire, à cette pensée, je pleure malgré moi; permettez à un vieux soldat de vous embrasser.

— Merci, général. C'est sous vos ordres que je veux faire ma première campagne. Gardez-moi le secret et préparez tout. Nous partirons quand vous voudrez.

— Dès demain, sire, et comptez sur moi ; je ne vous quitterai pas plus que mon ombre; mais que Votre Majesté me permette de lui donner un conseil. Là-bas nous suffirons à tout, mais ici il faut un esprit ferme et résolu, qui ne laisse pas refroidir l'ardeur populaire et qui, au besoin, force le pays à nous livrer son dernier enfant et son dernier écu; il est un homme que l'opinion désigne pour cette œuvre difficile : c'est le comte de Touche-à-Tout.

— Ne m'en parlez pas, dit Jacinthe. Le comte m'a blessé par sa hauteur.

— Sire, pardonnez à un vieux soldat ; le comte a toute l'administration dans sa main, et lui seul...

— Assez, général ; à demain. »

A peine sorti du salon, le farouche soldat courut dans une maison tierce où l'ancien ministre l'attendait.

« Victoire! mon cher comte, lui dit-il. Le nom de blanc-bec a fait merveille : la guerre est décidée; nous tenons l'enfant et nous lui ferons voir du chemin.

— Et ma place? demanda Touche-à-Tout.

— Il y a du tirage. Le prince est blessé de votre démission; mais j'ai bon espoir.

— Merci, mon cher baron; je n'oublierai pas le service que vous m'avez rendu.

— Donnant, donnant, mon cher ami, dit le général. N'oubliez pas non plus ce que vous m'avez promis. Si je risque ma peau, j'entends être prince de n'importe quoi, avec accompagnement d'une grosse dotation.

— Ceci est votre affaire et non la mienne, dit gaiement le comte. Battez d'abord l'ennemi, et pour le reste, comptez sur moi.

— Dépêchez-vous d'être ministre, dit le baron, nous partons demain.

— Ne vous inquiétez de rien, général; vous avez gagné la première manche; à moi la seconde. Adieu. »

Jacinthe n'était pas au bout de ses émotions. En apprenant le renvoi du comte et les projets de guerre, la reine ne s'était pas permis un mot de reproche, mais elle avait fondu en larmes et tendrement embrassé son fils. Quand on est jeune et qu'on aime sa mère, on ne résiste guère à de pareils arguments. Le prince rentrait fort soucieux dans son cabinet, mécontent des autres et de lui-même, quand on lui annonça que la vicomtesse de Touche-à-Tout lui demandait audience et l'attendait au salon.

Tamaris au palais! Tamaris qui avait peut-être besoin de son appui! A cette pensée, Jacinthe pâlit, et, quand il entra dans la salle, son cœur battait.

Vêtue de noir, coiffée d'une mantille de dentelle, Tamaris avait un air triste et résigné qui acheva de troubler le prince.

« Sire, dit-elle en faisant une longue révérence, que Votre Majesté veuille bien excuser l'importunité d'une humble sujette; je viens ici au nom de mon père et pour remplir un devoir. »

Elle s'arrêta comme une femme dominée par la crainte et le respect; Jacinthe fut obligé de lui prendre la main pour la rassurer.

« Sire, continua-t-elle, il y a dix ans que le roi des Tulipes, votre auguste père, revenant de sa septième campagne contre nos éternels ennemis, remit au comte de Touche-à-Tout son épée de combat.

« Prenez cette arme, mon cher ministre, lui « dit-il, gardez-la comme un dépôt sacré, et, si « je ne suis plus là quand mon fils aura dix-huit « ans, remettez-lui vous-même cette épée victo- « rieuse comme un souvenir de ma tendresse pour « lui, de mon amitié pour vous. »

« Cette épée, la voici, continua Tamaris. C'est dans deux années seulement que mon père aurait dû vous l'offrir ; mais, à la veille de quitter la cour pour se retirer dans ses terres et n'en plus sortir, il a pensé que l'heure était venue de vous restituer ce gage précieux. Si jamais, ce qu'à Dieu ne plaise ! la guerre devait se rallumer entre les deux peuples, puisse cette arme glorieuse jeter un nouvel éclat entre les mains de Votre Majesté : c'est le dernier vœu de mon père et le mien. »

La belle vicomtesse fit une seconde révérence, et, baissant les yeux, elle attendit que le prince lui permît de se retirer. Jacinthe tenait toujours la main de Tamaris dans la sienne, et les deux mains tremblaient.

« Pourquoi le comte veut-il quitter la cour? dit le prince après un court silence. Je puis avoir besoin de ses conseils plus d'une fois.

— Sire, répondit Tamaris, mon père est un homme de mœurs antiques, rien ne peut fléchir la rigidité de ses principes. Serviteur du prince et de l'État, fier de s'immoler à leur grandeur, il ne se prêtera jamais à l'affaiblissement de l'autorité. Sa présence à la cour appellerait des comparaisons dangereuses et des regrets coupables : le premier devoir d'un ministre disgracié est de se faire oublier. Rien pour soi, tout pour le prince, telle est la foi politique du comte; je la respecte et je l'admire. C'est la mienne. J'ai partagé la fortune de mon père, je partagerai sa disgrâce, quel que soit le sacrifice, et je le suivrai sans me plaindre dans la solitude où nous nous enfermerons à jamais.

— Vous aussi, Tamaris, vous me quittez, s'écria le prince, et dans ce moment! Tout m'abandonne; je n'ai plus un ami sur la terre! »

Pour toute réponse, Tamaris leva au ciel ses beaux yeux baignés de larmes. Jacinthe sentit qu'il était vaincu et n'essaya même pas de résister. Il sonna.

« Qu'on cherche le comte de Touche-à-Tout, dit-il, je l'attends.

— Adieu, sire, dit la vicomtesse avec sa plus gracieuse révérence et son plus doux sourire.

— Non pas adieu, Tamaris, au revoir! »

Que se passa-t-il entre le roi et son fidèle ministre? On l'ignore; mais, le lendemain, *la Vérité officielle* contenait l'article suivant :

« Hier, on a répandu le bruit d'un changement de ministère. Il n'y a pas un mot de vrai dans ces rumeurs. Le public ne saurait trop se mettre en garde contre ces inventions de cerveaux oisifs et de journaux malintentionnés. Si ces bruits persistaient, le gouvernement se verrait obligé de sévir contre ceux qui les propagent. »

On lisait un peu plus loin :

« Au moment de partir pour visiter les frontières du Nord et se montrer à un peuple impatient de lui témoigner son amour, le roi a nommé le comte de Touche-à-Tout président du conseil des ministres et lui a délégué les pouvoirs les plus étendus. »

En même temps les journaux officieux annonçaient, sans les garantir, les nouvelles suivantes, qui faisaient l'entretien de la cour et de la ville :

« La reconnaissance est la vertu des princes. On dit que, pour récompenser les longs services du comte de Touche-à-Tout, le roi lui a remis de sa main le grand collier de l'ordre. On assure que le comte sera élevé à la dignité de prince archichancelier, pour prendre rang immédiatement après les membres de la famille royale.

« Le baron Géronte Pleurard est, dit-on, nommé sur sa demande directeur général de l'enseignement et des cultes. Depuis longtemps l'éclat de ses vertus et la solidité de ses principes le désignaient pour cette place éminente. S'il se retire de la politique, cette retraite n'est qu'apparente. Qu'y a-t-il de plus important pour un État que l'éducation donnée aux jeunes générations, que le soin de cet avenir qui sera bientôt le présent? L'intérim du poste laissé vacant par le baron Pleurard est confié au comte de Touche-à-Tout.

« Le chevalier Pieborgne partira, dit-on, prochainement pour Schwiegenbad. Il est affecté d'une laryngite qui demande les plus grands soins. Les médecins lui ordonnent de garder un silence absolu. En son absence, l'intérim est confié au comte de Touche-à-Tout.

« Le général baron Bombe, qui accompagne le roi dans son voyage, est parti hier pour tout préparer. Les villes du Nord, si connues par la splendeur de leur hospitalité, veulent se surpasser elles-mêmes, et l'armée aura, dit-on, une part brillante dans ces fêtes civiles. Le 10 juin, il y aura de grands exercices au camp de Canonville, avec simulacre de guerre et d'assaut; on brûlera plus d'un million de cartouches. Le soir, il y aura bal, souper et feu d'artifice, on parle de dix mille dames invitées. Heureux pays que celui où l'on s'amuse à ces plaisirs innocents et où le canon ne tonne que pour porter au ciel la joie d'un peuple en délire! »

Huit jours après ces nouvelles pacifiques, la guerre était déclarée, la frontière franchie: six cent mille hommes accouraient à marches forcées pour s'entr'égorger. Les peuples aiment la petite guerre, les princes aiment la grande: il en faut pour tous les goûts.

CHAPITRE XIV

LA BATAILLE DE NECEDAH.

Le 22 juin, dès l'aurore, Jacinthe se promenait devant sa tente en causant avec le baron Bombe. Le soleil n'était pas encore levé, mais, déjà, on sentait sa présence. C'était une de ces matinées calmes et lumineuses où l'on se trouve heureux de vivre au milieu de la nature souriante. Les blés verdissaient la terre, les prés étaient en fleur, l'air était embaumé. Pas un bruit, pas un souffle; tout dormait au camp, hormis quelques sentinelles qui se promenaient avec insouciance en regardant le ciel d'un air distrait.

La diane sonne. En un clin d'œil, comme un essaim qui fuit la ruche, l'armée sort de ses tentes; on plie les toiles, on étrille les chevaux, on essuie les fusils, on mange un morçeau, on boit la goutte, on cause, on rit. Le tambour bat, on court aux armes, les rangs sont formés. Vienne l'ordre, maintenant; faut-il tuer, faut-il mourir? On est prêt.

Les estafettes sillonnent la plaine. A chaque instant, les nouvelles arrivent, les ordres partent. Assis devant une grande carte, le baron Bombe pique et dépique des épingles de toute couleur. L'ennemi est en marche, on connaît la force et la direction des différents corps, on devine ses intentions. Il approche.

Le général se frotte les mains, il a l'air triomphant.

« A cheval, messieurs! s'écrie-t-il, le bal va commencer. »

Trois coups de canon retentissent. A ce signal, les divisions se massent, les régiments prennent leur rang de bataille. Les officiers vont et viennent; les vieux soldats jurent entre leurs dents, les jeunes se taisent. Parmi ces conscrits, les uns pensent au pays et à ceux qu'ils y ont laissés; les autres se recueillent et se promettent de n'avoir pas peur. C'est le silence qui précède l'orage.

Le tambour bat aux champs: c'est le prince

qui arrive, suivi de son brillant état-major. Le voilà : *Vive le roi !*

Monté sur un cheval noir dont la crinière flotte au vent, et tenant au poing l'épée que Tamaris lui a donnée, Jacinthe salue le drapeau, qui s'incline à son passage. Chacun admire la bonne grâce du prince, chacun prend pour lui les paroles qu'il adresse au régiment : *Mes amis, je compte sur vous.* De toutes les poitrines, de tous les cœurs sort un nouveau cri de : *Vive le roi!* Jacinthe sourit, il est heureux!

« Narcisse, mon garçon, tu n'es pas gai, dit un vieux sergent à un jeune fantassin. Quand le roi a passé, pourquoi n'as-tu pas fait comme les autres? Un jour de bataille, mon fils, il faut s'émouvoir un peu. Le prince, c'est la patrie, c'est le drapeau ; il faut le saluer.

— Soyez tranquille, père Lafleur : pour plaire à votre Benjamin, on se fera tuer tout comme un autre.

— Tu as de la rancune, mon garçon, tu as tort. Est-ce que c'est sa faute, à cet enfant, s'il aime la guerre? On l'a élevé pour ça, on ne lui a pas appris autre chose. T'imagines-tu qu'il sait ce qu'il en coûte à un père pour élever à la sueur de son front un fils de vingt ans? Les princes, vois-tu, on leur donne de l'argent et des hommes sans compter, et on leur dit : « Dépensez-moi ça, c'est votre affaire. » Ils font comme toi, ils font leur métier. »

Narcisse baissa la tête et ne répondit rien. Il se disait tout bas que si les princes étaient mieux élevés, il serait auprès de sa chère Giroflée au lieu de courir après la misère, la maladie et la mort.

Après avoir parcouru le front de bataille, Jacinthe revint au centre. Là, placé sur une hauteur qui dominait le pays, il suivit des yeux la marche de l'armée.

A droite et à gauche, dans le lointain, on apercevait des files de soldats, de chevaux, de canons, de caissons. Tantôt un pli de terrain cachait les bataillons, tantôt des milliers de baïonnettes s'enflammaient aux rayons du soleil. A voir cette longue traînée qui avançait dans la campagne, en suivant les ondulations du sol, on eût dit d'un serpent gigantesque qui rampait en déroulant au loin ses anneaux.

Bientôt la fusillade éclata, le canon gronda. Quand par moment il se taisait, on entendait des clameurs étranges; le ciel était plein de fumée, et de temps en temps, au milieu de ces nuages sinistres, montaient des langues de feu. C'étaient des meules qui flambaient, des villages qui brûlaient. Le baron Bombe avait raison, le bal commençait.

Le gros de l'armée s'ébranla. On avançait lentement. L'artillerie roulait sur la chaussée; des deux côtés, dans les champs, marchaient la cavalerie et l'infanterie, écrasant les moissons dans la poussière et ne laissant pas derrière soi un brin d'herbe debout.

En approchant du village de Necedad on rencontra l'ennemi, depuis longtemps signalé par les vedettes. Il occupait sur la hauteur une position des plus fortes. Mais en avant, et dans la plaine même, il avait une armée en bataille, qui se rua sur ses adversaires aussitôt qu'elle les aperçut.

« Eh! eh! dit le baron Bombe, les malins veulent nous battre avec nos propres armes. C'est la tactique des Gobemouches que ces farceurs nous volent. Cela ne suffit point, mes drôles, il faudrait aussi nous prendre nos soldats. »

Le baron n'avait pas tort. Après deux attaques

sanglantes, bravement repoussées, les ennemis reculèrent, et il y eut quelque désordre dans leurs rangs.

Du village de Necedad on vit alors descendre une cavalerie magnifiquement montée. En tête de la division marchait, au petit pas de son cheval, un grand jeune homme vêtu d'une tunique blanche et coiffé d'un casque d'argent surmonté d'un aigle aux ailes éployées. Toutes les longues-vues de l'état-major étaient braquées sur ce personnage. Un aide de camp s'écria :

« Je le reconnais, je lui ai été présenté il y a quinze jours; c'est le grand-duc à la tête de ses cuirassiers.

— Le grand-duc! s'écria Jacinthe. Que personne n'y touche, il m'appartient. »

Il allait lancer son cheval quand le baron l'arrêta en souriant.

« Sire, dit-il, nous ne sommes plus au temps des combats héroïques. Depuis l'invention de la poudre, nos duels se vident à coups de canon. D'ailleurs, avant que Votre Majesté ait pu joindre le grand-duc, il sera couché par terre; nos tirailleurs le tiennent déjà au bout de leur fusil. Parader sur un alezan en face de l'ennemi, c'est fort joli sans doute, mais ce n'est pas de la guerre, c'est de la folie. »

Jacinthe ressentait une émotion étrange. Le grand-duc, il le haïssait; il l'aurait volontiers tué de sa main, en combat singulier. Mais voir ce jeune homme s'avancer brave et confiant, prêt à affronter l'ennemi, et se dire qu'une balle lancée dans l'ombre allait l'abattre comme un oiseau sans défense, il y avait là quelque chose qui révoltait une âme généreuse. Ce n'était pas un duel, c'était presque un assassinat.

Chacun regardait en silence. Tandis que le grand-duc approchait, on voyait des tirailleurs qui rampaient dans l'herbe et se cachaient dans les fossés; puis tout à coup, au moment où le jeune officier, tournant la tête, donnait à ses cuirassiers l'ordre de charger, des coups de feu sortirent de terre, des rangs entiers s'abattirent; et du milieu de cette mêlée de blessés, de mourants, de chevaux renversés, s'élança tout effaré un alezan qui courut droit à l'ennemi. Le prince était mort, Jacinthe était vengé.

« Allons, Sire, dit le baron toujours impassible, ces messieurs ont perdu la première manche; à nous la seconde. Voyez-vous cette petite église, là-bas sur la hauteur? Quand nous y serons, nous aurons gagné la partie. »

Ce n'était pas chose facile que d'y arriver. Trois heures durant on se battit à outrance pour avancer de quelques pas. Remparé dans le village, l'ennemi s'y défendait avec fureur; chaque maison était une forteresse qu'il fallait emporter d'assaut. Les pertes étaient grandes, des régiments entiers avaient disparu; les soldats se lassaient, et pour comble de disgrâce on avait de mauvaises nouvelles de l'aile droite, que l'ennemi commençait à déborder. A chaque instant accouraient à bride abattue des officiers qui demandaient du renfort; le baron leur riait au nez en jurant comme un damné.

« Des renforts! criait-il, où veulent-ils que j'en prenne? Qu'ils se fassent tuer, mille tonnerres! Est-ce que ces chiens-là s'imaginent qu'ils sont faits pour vivre toujours? »

Autour du prince les visages étaient tristes, Jacinthe seul était plein de confiance. La gaieté du baron le charmait. Aussi fut-il un peu étonné quand le général, le tirant à l'écart, lui dit à voix basse :

« Sire, le moment est venu de faire le soldat.

Si dans une heure nous ne sommes pas là-haut, il ne nous reste qu'à rentrer chez nous pour y être chansonnés par les Gobemouches.

— Plutôt mourir! » s'écria le prince.

Et, poussant son cheval, il courut au plus fort du danger.

Chemin faisant on ramassa tout ce qu'on trouva de soldats épars: grenadiers, chasseurs, tirailleurs, dragons ou lanciers démontés; c'est avec ce bataillon sacré qu'on fit un dernier et puissant effort. Deux fois Jacinthe mena ces braves à l'assaut de l'église, deux fois il fut ramené en arrière. Autour de lui, les balles sifflaient, les hommes tombaient comme des épis fauchés; son cheval blessé s'abattit et manqua de l'écraser, rien n'effrayait le prince. Tout au contraire, la poudre et le sang l'enivraient. Il sauta sur un cheval égaré, et, la tête nue, les cheveux au vent, l'épée à la main, ce fut aux cris de : *Vive le roi!* qu'il rallia ses troupes, et que, victorieux enfin, il entra dans l'église, foulant aux pieds de sa monture les morts et les mourants.

Une fois là on se reconnut.

« Où est le baron? demanda Jacinthe.

— Sire, on l'a porté dans la maison voisine ; il est blessé. »

Le prince courut auprès de son vieil ami ; il le trouva couché sur une botte de paille et donnant des ordres pour que l'artillerie, prenant l'ennemi en écharpe, achevât la victoire. Le baron avait la bouche pleine de sang, c'est à voix basse qu'il parlait à son aide de camp, une balle lui avait traversé la poitrine.

« Cher général, dit Jacinthe, j'espère que cette blessure ne sera rien, et que vous jouirez bientôt de votre triomphe.

— Mon compte est réglé, dit le baron ; je n'en ai pas pour longtemps. C'est égal ; l'ennemi a son affaire, et ce n'est pas de nous que riront les Gobemouches ! Sire, occupez-vous de l'armée ; tout n'est pas fini : adieu et merci. »

Jacinthe sortit la tête baissée pour cacher une larme ; le baron appela un soldat.

« Y a-t-il ici une goutte d'eau-de-vie ? demanda-t-il.

— Voilà, mon général, dit le sergent Lafleur en détachant sa gourde.

— Merci, mon vieux. Enveloppe-moi dans mon

manteau et mets-moi sur le côté. Le rêve a été beau, mais il est court. Bonsoir. »

Ce furent ses derniers mots. Il ne bougea plus; une heure après il était mort.

Du clocher de l'église, Jacinthe suivit la déroute des ennemis; elle était complète. Pris d'une terreur panique, les malheureux ne se défendaient plus ; ils couraient en jetant leurs fusils, leurs sabres et leurs sacs. Les batteries étaient enclouées, les caissons renversés, la cavalerie fuyait à toute bride, écrasant tout sur son passage. En vain les officiers essayaient de rallier cette foule éperdue ; ils étaient entraînés, insultés, renversés. La peur est aveugle et sourde; des milliers d'hommes se noyaient dans le fleuve, pour échapper à un ennemi qui ne les poursuivait plus.

Telle fut la célèbre bataille de Necedad, qui couvrit de honte les Cocqsigrues et combla de joie les Gobemouches.

Le soir même, un général, aide de camp du roi des Cocqsigrues, apportait à Jacinthe une lettre ainsi conçue :

« Monsieur mon frère,

« La journée est à vous, je n'ai plus d'armée.

Je demande une suspension d'armes et la paix ; vous en fixerez vous-même les conditions ; je m'abandonne à votre générosité. Vaincu, j'ai du moins un privilége que je paye assez cher pour avoir droit de l'invoquer en ce moment. Je vous félicite du courage et du talent que vous avez montrés aujourd'hui ; j'aurais voulu finir comme vous commencez.

« Sur ce, monsieur mon frère, je prie Dieu qu'il vous ait en sa sainte garde. »

Le prince fit proclamer de suite la suspension d'armes, et remit les négociations au lendemain. Depuis seize heures il était à cheval, il avait besoin de repos. Dans la maison la moins ruinée on lui dressa un lit avec quelques matelas rassemblés au hasard ; il s'y jeta le corps brisé, l'âme exaltée. Tant d'idées se pressaient dans sa tête, que, malgré sa fatigue, il ne pouvait dormir ; mais ce qui le tenait éveillé, c'était moins la gloire que le souvenir de Tamaris. Il songeait que bientôt il paraîtrait devant elle, en vainqueur, et qu'il mettrait aux pieds de celle qu'il aimait sa couronne et son épée.

Dans une chambre voisine, les généraux et les aides de camp invitaient à leur table l'envoyé du roi des Cocqsigrues. On avait trouvé quelques provisions dans les fourgons royaux, on buvait gaiement et on passait en revue les événements de la journée. Chacun des convives racontait ses prouesses, il n'en était pas un qui n'eût gagné la bataille à lui seul. D'une voix unanime on condamna la témérité du grand-duc ; il était mort par sa propre folie, disait-on ; ce fut là toute son oraison funèbre. On parla beaucoup du baron Bombe et des trois cents officiers morts avec lui, pour se demander quels seraient leurs successeurs : on parla plus encore d'avancement et de décorations ; mais par-dessus tout on célébra le bonheur de l'armée, qui possédait un prince jeune et vaillant. Si à seize ans, il commençait à guerroyer, que ne pouvait-on espérer d'un roi si heureusement doué? Ce fut au bruit de ces louanges que Jacinthe s'endormit.

CHAPITRE XV

LE REVERS DE LA MÉDAILLE.

Durant son sommeil le prince eut une vision. Au milieu d'une auréole lumineuse parut devant lui une femme vêtue de blanc et armée d'une baguette ; c'était la fée du jour. Jacinthe reconnut sa marraine ; il avait si souvent admiré le portrait de la dame blanche dans le grand salon du château ! La fée le regarda longtemps et, poussant un soupir :

« Pauvre enfant, murmura-t-elle que deviendrais-tu si je n'étais pas là ? »

Et trois fois elle traça un cercle autour de son protégé.

Jacinthe se réveilla brusquement au milieu du champ de bataille, et non plus en prince et en vainqueur, mais encore une fois cousu dans l'ignoble peau d'un chien. La fortune ne l'avait élevé si haut le matin que pour le précipiter plus avant dans l'abîme.

Il était nuit, la lune éclairait la plaine, mais sa pâle clarté ne rendait que plus noire l'ombre des collines. Autour du prince tout était calme et morne; dans le lointain, on apercevait les lumières du camp et des feux allumés. De droite et de gauche, au milieu de chevaux tués, de caissons brisés, d'armes éparses, des soldats étendus sur le dos dormaient de l'éternel sommeil. Sur ces visages, contractés par les angoisses et la rage, la mort même n'avait pu jeter sa triste sérénité. Les dents serrées, la bouche écumante, les yeux hagards, ils murmuraient encore, ou peut-être demandaient-ils à Dieu de venger leur sang versé pour le plaisir des rois.

Une horloge lointaine sonna lentement minuit, l'heure où les morts se réveillent; Jacinthe tressaillit ; et, ne pouvant soutenir l'aspect de ces yeux sans regard, il s'enfonça dans l'ombre pour s'y cacher.

C'est là que l'attendait le plus horrible des spectacles. Protégés par l'obscurité, deux maraudeurs, armés de lanternes sourdes, dépouillaient les cadavres et insultaient à la mort. Jacinthe, tremblant, se tapit derrière un canon renversé.

« En voilà un qui est marié, disait l'un des voleurs, il a une bague au doigt, mais je ne peux l'arracher.

— Coupe le doigt, imbécile, disait l'autre; vois ces deux anneaux, je les ai arrachés de l'oreille de ce soldat. Quand ils sont crevés, ça vient tout seul

— Un officier ! reprenait le premier. Bonne aubaine, il a une montre.

— Cherche bien, il doit avoir une bourse.

— Oui, et voilà un portefeuille avec une lettre cachetée.

— J'aimerais mieux des billets de banque, mais ça ne fait rien, donne toujours. Voyons ce qu'il écrit à sa bonne amie, ça nous amusera. »

Le brigand déplia la lettre et lut ce qui suit :

« Ma bonne mère, quand tu recevras cette lettre, tu n'auras plus de fils. Un pressentiment me dit que je serai tué demain. J'écris cette lettre à tout hasard ; j'espère qu'une main amie te la fera parvenir. Je veux que tu saches que mon dernier soupir a été pour toi, et que je t'aime encore par delà le tombeau. Je n'ai que mon épée ; je te laisse sans ressources, c'est à Dieu que je te confie ; c'est lui qui te consolera. Pour moi, je meurs digne de toi, fidèle à l'honneur que tu m'as enseigné, heureux de donner mon sang pour la grandeur du prince et le salut de la patrie. »

« Ah çà ! dit l'autre voleur, vas-tu nous embêter longtemps avec tes sentiments ? A l'ouvrage ! La lune arrive par ici, on nous verra bientôt, gare les coups de fusil !

— Oui, ta mère recevra cette lettre, dit le maraudeur d'un ton solennel, et heureux ceux qui meurent comme toi !

— Bon, reprit son camarade, voilà que tu recommences à jouer le mélodrame ? Le diable emporte les gens qui ont été à l'école, ils font toujours des phrases ! Tiens, voilà quelque chose qui brille comme de l'or ; qu'est-ce que c'est que ça ? »

Il approcha sa lanterne. Effrayé par la lumière, un cheval magnifiquement caparaçonné, se dressa sur ses pieds et se mit à ruer en hennissant. C'était l'alezan du grand-duc. Il avait au ventre une blessure énorme, et marchait sur ses entrailles sanglantes. Au bout de quelques pas il tomba en étendant ses jambes roidies par la mort.

Aussitôt, une meute de chiens, sortie on

ne sait d'où, se jeta en aboyant sur la noble bête et commença la curée. A ce bruit, les voleurs s'enfuirent sans souci de leur proie. On voyait dans la plaine des falots en grand nombre, une ronde approchait.

« Quelle aubaine! disait un des chiens à ses compagnons. Pourquoi les hommes ne nous donnent-ils pas plus souvent de pareilles fêtes?

— Là bas, dit un mâtin, il y a des loups qui dévorent un régiment de cuirassiers.

— Avez-vous vu ce qu'il y avait de corbeaux ce soir? dit un dogue.

— Demain il y en aura cent fois plus, reprit le mâtin; mais qu'est-ce que cela fait? Il y a ici de la chair et du sang pour tout le monde.

— Oui, dit un lévrier, mais demain on va tout enterrer.

— Ce n'est pas l'affaire d'un jour, camarade, répondit le mâtin; il y en a pour plus d'une semaine. Et dans les bois, et dans les fossés, et dans les rochers, et dans les ravins, à deux lieues à la ronde, il y a plus d'un soldat et plus d'un cheval perdus qu'on n'ira pas déranger. Vive la guerre! c'est le régal des chiens, des corbeaux et des loups!

Jacinthe s'enfuit éperdu ; il reprit le chemin du village, la route où, quelques heures plus tôt, il jouait si brillamment sa vie. Là avait eu lieu l'effort suprême, là les morts étaient entassés les uns sur les autres, noyés dans des mares de sang. Une fois encore, Jacinthe allait s'éloigner avec effroi de cette scène d'horreur, quand il entendit des gémissements. Il s'approcha. Un officier, jeune encore et d'une belle figure, rampait sur les deux mains, traînant péniblement ses jambes écrasées par un boulet.

« De l'eau ! murmura-t-il, de l'eau. Au secours ! Je meurs pour vous et vous me laissez crever comme un chien, canailles que vous êtes ! Maudite soit la guerre ! Maudits soient les princes et les ingrats ! De l'eau, ou la mort par pitié ! »

Et avançant ainsi, tout haletant, il tomba sur le corps d'un autre officier.

« Une gourde ! cria-t-il, je suis sauvé. Non, rien, elle est brisée... Ah ! un pistolet : il est chargé celui-là, Dieu merci ! Prince Jacinthe, heureux vainqueur, que mon sang retombe sur ta tête ! »

Et d'une main ferme il se fit sauter la cervelle.

Au bruit du pistolet, un mourant leva la tête

et regarda autour de lui d'un air égaré. C'était Narcisse; Jacinthe le reconnut et s'approcha de lui.

« Est-ce toi, Fidèle? s'écria le soldat fondant en larmes. Viens, viens que je t'embrasse. C'est Giroflée qui t'envoie, n'est-ce pas? Dis-lui que je l'aime. Hélas! je ne la reverrai plus!

— Par ici, camarades, dit une grosse voix, et pas de raisons. Le sergent Lafleur sait ce qu'il fait, c'est une vieille moustache, et vous n'êtes que des blancs-becs. Je vous dis qu'il est tombé par ici; je reconnais la place, sacrebleu. Il y a eu six aides de camp tués en trois minutes, même qu'il y en a un dont la cervelle m'a éclaboussé toute la figure. Donnez-moi le falot... tenez, en voilà déjà deux par terre, les autres ne sont pas loin; nous sommes arrivés. Narcisse, mon garçon, es-tu mort? cria-t-il d'une voix de tonnerre.

— Sergent! répondit un cri étouffé.

— Me voilà, mon brave. Bonjour, Narcisse, comment ça va-t-il?

— Vous voyez où j'en suis, père Lafleur.

— Dame! mon fils, c'est la guerre! Aujourd'hui, tu as le gros lot, demain c'est mon tour.

. . . .

Fie-toi à ma sensibilité, je ne te laisserai pas là. Holà! vous autres, apportez le brancard. »

Dès qu'on remua Narcisse, il s'évanouit ; tout son corps n'était qu'une plaie saignante.

« Sergent, dit un des soldats, ce n'est pas la peine de l'emporter, il est mort.

— Est-ce que je me fais l'honneur de te demander ton avis? répondit Lafleur. Si, comme moi, tu connaissais la théorie, bavard, tu saurais qu'un homme n'est mort que quand le major l'a mis sur sa liste. En route, et pas de raisons. »

A l'aspect de la troupe, le prince-caniche s'était caché dans un tas de cadavres; il en sortit tout épouvanté et se sauva comme un meurtrier, couvert du sang de ses victimes.

Pour échapper à cette boucherie qui lui faisait horreur, Jacinthe s'était jeté dans un chemin creux qui ramenait au village. La guerre était venue jusque-là. On avait volé les bestiaux, arraché les clôtures et brûlé les maisons. Partout des cendres fumantes, partout la solitude et la désolation.

Sur un fumier était étendu un homme, un paysan qui râlait. Il avait défendu son pays contre l'ennemi, ou son bien contre des maraudeurs. On l'avait tué d'un coup de fusil. Auprès de lui, accroupie sur la paille, était sa femme, tenant un nourrisson dans les bras ; quatre garçons, dont l'aîné n'avait pas douze ans, lavaient à tour de rôle la pâle figure de leur père, et derrière le mourant, un vieillard à cheveux blancs invoquait la justice du ciel.

« Malédiction sur les rois! criait-il ; malédiction sur les courtisans, malédiction sur les armées! Venge le pauvre, ô mon Dieu! venge la veuve! venge l'orphelin! venge le père qui pleure sur le fils que tu lui avais donné et que ces brigands lui ont tué! Que fais-tu là-haut, ô mon Dieu! si tu laisses écraser les innocents?

— Sois tranquille, grand-père, dit un des enfants. Pour venger mon père, nous sommes quatre. Un jour viendra où nous pourrons aussi égorger l'ennemi.

— Viens, frère, dit le plus jeune ; prends une pierre; nous irons casser la tête aux blessés.

— Enfants, s'écria la mère en pleurant, restez ici, ils vous tueraient. »

Jacinthe s'éloigna tristement.

« Hélas! pensa-t-il, quel crime que la guerre,

et combien on m'a trompé! Il me semble que chacun de ces morts m'appelle assassin et me redemande la vie. Où fuir? où me cacher? A moi! à moi!

— Remettez-vous, sire, remettez-vous, » dit la voix d'un aide de camp.

Le prince se retrouva sur son lit, et regarda autour de lui, tout effaré.

« Je demande pardon à Sa Majesté de l'avoir éveillée, dit l'aide de camp; mais elle poussait de tels gémissements que j'ai cru bien faire de l'arracher au cauchemar qui l'oppressait.

— Que ne l'avez-vous fait plus tôt! » dit Jacinthe en soupirant.

Il se leva pour s'asseoir auprès d'une table, et jusqu'au point du jour il resta immobile, la tête cachée dans ses deux mains.

CHAPITRE XVI

LA CARTE A PAYER.

Dès que l'aube parut, le roi appela le grand prévôt de l'armée et donna les ordres les plus précis pour qu'on ensevelît les morts et qu'on poursuivît les maraudeurs.

« On les fusillera sur place, dit l'officier.

— Non, dit Jacinthe, il n'y a que trop de sang de versé. »

Il chargea trois de ses aides de camps de parcourir les villages ravagés et de réparer, autant qu'on peut le faire avec de l'argent, les misères et les crimes de la guerre.

Puis il monta à cheval et se rendit aux ambulances.

Toute la nuit, les chirurgiens avaient travaillé avec leur dévouement habituel ; admirables soldats qui bravent la fatigue et la contagion comme d'autres bravent la mitraille ! Déjà plus de trois mille blessés, amis ou ennemis, étaient opérés, pansés et couchés dans des lits ; mais au dehors, sous des tentes dressées à la hâte, il y avait encore des milliers d'hommes qui saignaient sur la paille, et dans le lointain on voyait des files de soldats et de paysans qui amenaient sur des brancards leur lugubre fardeau. Jacinthe détourna la tête et entra dans le premier hôpital qui s'ouvrait devant lui.

Conduit par un des médecins principaux, le prince alla de lit en lit, s'arrêtant près de chaque blessé, donnant à quelques-uns des récompenses, à tous des consolations. Certains blessés se relevaient péniblement sur leur coude pour remercier le roi ; d'autres riaient.

« Que voulez-vous, sire, dit un hussard qui avait un bandeau sur la tête, on ne fait pas d'omelette sans casser des œufs. »

Le plus grand nombre ne remuait pas, ne parlait pas. Leur regard douloureux disait à Jacinthe :

« Sans vous, nous n'en serions pas là. » Et Jacinthe avait le cœur navré.

Au bout d'une galerie, le prince entra dans

une salle d'opérations. Là était étendu Narcisse, qui appelait la mort à grands cris. Deux chirurgiens, dont les bras ruisselaient de sang, tailladaient le pauvre soldat et le raillaient pour lui donner du courage.

« Plains-toi donc, disait un des opérateurs ; voici la sixième balle que je te retire du corps, et pas un organe atteint. Deux méchants doigts de pied cassés, voilà une belle affaire. Tu as plus de bonheur qu'un honnête homme.

— Tuez-moi ! par pitié, tuez-moi ! criait Narcisse ; je veux mourir.

— Non, dit le prince en s'approchant du blessé ; il ne faut pas que tu meures, Narcisse, il faut vivre pour Giroflée, et lui porter la croix que tu as si bien gagnée.

— Oui, mon prince, s'écria le moribond, je vivrai pour elle, pour vous ; merci, merci ! » Et il se mit à pleurer.

Dès que le prince eut fait quelques pas, Lafleur, caché au pied du lit, allongea sa maigre figure, et, regardant Narcisse d'un air joyeux :

« A-t-il une chance, ce cadet-là, s'écria-t-il. Ce n'est pas moi qui attraperai jamais six balles dans le corps, pour que le roi vienne à pied savoir de mes nouvelles. »

Au bruit de cette grosse voix, Jacinthe se retourna.

« Sergent Lafleur, dit-il, je vous ai vu hier près de moi, et vous ai fait porter moi-même à l'ordre du jour. On ne vous oubliera pas. »

Le sergent ouvrit la bouche, remua les deux bras, essaya d'avaler quelque chose qui l'étranglait, n'y réussit pas, et pour toute réponse se mit au port d'armes et fit le salut militaire : Jacinthe sourit pour la première fois.

En rentrant au quartier général, le prince y trouva le comte de Touche-à-Tout, accompagné du chevalier Pieborgne. Deux heures après avoir lu dans le journal officiel l'annonce de sa maladie, l'avocat avait couru chez son heureux collègue, et après dix minutes d'entretien, il était rentré chez lui parfaitement et officiellement guéri. Heureux ceux qui ne croient à rien sur la terre, l'amitié des ministres leur appartient à jamais !

Dès que Jacinthe vit le comte, il courut à lui et lui prit la main.

« Point de compliment, dit-il : nous causerons

de tout cela plus tard, à mon retour. Parlez-moi de mon peuple, de vous, de votre famille. Vous n'avez point été trop inquiets?

— Sire, dit Touche-à-Tout, vous ne nous en avez pas laissé le temps. Ma fille seule, faible comme toutes les femmes, ne dormait pas en attendant les nouvelles de l'armée. J'étais obligé de la gronder.

— Vraiment ! » dit Jacinthe.

Ses yeux brillèrent, et il se mit à rêver.

Ce n'était point pour traiter de bagatelles que le comte venait au camp. Il passa de suite aux choses sérieuses et parla des conditions de la paix. Après une victoire aussi éclatante, on pouvait tout exiger. Il y avait quatre provinces de l'ennemi qui convenaient aux Gobemouches : il fallait en obtenir la cession. A la vérité, les peuples de ce pays n'avaient rien de commun avec les vainqueurs, et même ils les haïssaient de longue date. Ce n'était ni la même langue, ni la même religion, ni les mêmes mœurs; mais cela avait peu d'importance. La politique ne s'arrête pas à de pareilles niaiseries; avec de bonnes garnisons et une administration solide, on vient à bout de ces répugnances. Il suffit de sacrifier deux ou trois générations ; c'est peu de chose quand le but est grand. Les philosophes avaient de ridicules théories sur les races et les nationalités ; rien n'était plus contraire à l'expérience. Les peuples sont une cire molle, tout dépend de la main qui enfonce le cachet.

A cette ouverture, le prince répondit froidement que son parti était arrêté. Il ne voulait pas de conquêtes, et ne se souciait nullement d'être le geôlier d'un peuple asservi. Il avait assez de la guerre et de ses horreurs ; ce qu'il lui fallait, c'était une paix qui n'humiliât personne, un traité honorable pour les deux peuples, et qui mît fin à de trop longues divisions.

Le comte jeta sur Jacinthe un regard de protection :

« Sire, dit-il, je comprends et j'ose dire que je partage votre émotion. La vue d'un champ de bataille est un spectacle épouvantable. Il faut plus d'un jour pour s'y endurcir. Mais un grand roi résiste à cette faiblesse des sens, il regarde avant tout à la grandeur de sa maison. Tant qu'il y aura ici-bas des gouvernements et des peuples différents, il y aura des querelles, des luttes, des combats. La guerre est une maladie, je l'accorde, mais c'est une maladie nécessaire. Tout ce que peut faire la sagesse humaine, c'est d'en réduire les occasions, et pour en arriver là, quel meilleur moyen y a-t-il que d'écraser l'ennemi et de le réduire à l'impuissance?

— Monsieur le comte, dit Jacinthe, vous oubliez l'histoire. Il y a cinq siècles que nous nous battons avec nos voisins: nous avons tué des millions d'hommes; sommes-nous plus avancés qu'au premier jour? Non. La guerre enfante la haine; la haine, à son tour, enfante la guerre. Il est temps de renoncer à cet vieille et fausse politique. Je veux la paix.

— Sire, s'écria le chevalier Pieborgne d'une voix solennelle et en se levant, je ne puis assez admirer la modération de Votre Majesté; mais que le roi permette à son fidèle serviteur de lui parler avec une entière franchise: c'est une lourde et difficile entreprise que de rompre avec ces antiques traditions qui ont fait la grandeur de la maison des Tulipes. La sagesse de vos aïeux, sire.....

— Chevalier, dit le prince, vous m'avez déjà récité ce discours-là; chargez-vous de le réfuter pour la session prochaine.

— Hum! se dit tout bas Picborgne, le comte est moins solide que je ne croyais. »

Et il s'assit tranquillement.

Des deux côtés on gardait le silence; Touche-à-Tout prit enfin la parole.

« Sire, dit-il, avant que Votre Majesté ne prenne une décision aussi grave, je la prie d'écouter une fois encore un homme qui a vieilli au service de la monarchie. La royauté repose sur deux colonnes, l'administration et l'armée; en affaiblir une c'est tout ruiner. La paix établie à toujours, Votre Majesté tiendra-t-elle sur pied une armée de cinq cent mille hommes? Que fera-t-elle de ses officiers mécontents et de ses soldats oisifs? Le pays supportera-t-il longtemps une charge aussi lourde qu'inutile?

— Nous renverrons aux champs trois cent mille laboureurs, répondit le prince : tout le monde y gagnera.

— En ce cas, reprit le comte, ce n'est pas seulement l'armée qu'il faut réformer, c'est l'administration, c'est l'impôt, c'est le gouvernement tout entier. Désormais il nous faudra vivre uniquement occupés de travail et d'économie, comme les petits peuples sans nom qui nous avoisinent.

— Le grand mal ? dit Jacinthe.

— Oui, Sire, ce sera un grand mal ; car le jour où Votre Majesté licenciera l'armée sera le dernier jour de notre vieille et glorieuse monarchie. Le roi est jeune, il n'a pas encore embrassé dans son ensemble l'admirable organisation de son empire ; autrement, il ne briserait pas avec autant de facilité un instrument sans pareil. Étudiez notre merveilleuse centralisation, sire, vous verrez que tout est calculé pour que toutes les forces, tout l'argent, toutes les ressources du pays soient entre les mains du prince. Le peuple n'a rien à lui. Son or, son sang, ses fils, tout est au roi. L'administration tient dans sa dépendance le plus grand aussi bien que le moindre des sujets ; elle habitue chaque Gobemouche au travail, à l'obéissance, à l'impôt, au service militaire, et, par cette solide éducation, elle en fait le premier soldat du monde. La gloire de l'État, la puissance du prince, voilà l'objet unique de votre gouvernement ! Supprimez la guerre, supprimez l'armée, à quoi bon cette prodigieuse machine ? Un peuple de laboureurs et d'ouvriers n'a que faire d'une tutelle administrative ; chacun vit à ses risques et périls et ne songe qu'à soi. A une foule pareille, la liberté suffit pour mener bourgeoisement les affaires publiques. C'est la centralisation, c'est l'armée, c'est la guerre qui arrachent l'individu à cette vie étroite et qui remplacent l'amour du bien-être et l'égoïsme du foyer, par ce patriotisme qui fait vivre tout un peuple de la pensée d'un homme ; est-il rien de plus noble qu'une nation qui s'immole pour la grandeur du souverain?

« Voilà, sire, ce que mon zèle m'oblige de dire à Votre Majesté. En théorie, rien de plus beau que la paix universelle ; en fait, c'est l'avénement d'une société nouvelle, c'est la destruction de l'antique royauté. C'est à cheval et le glaive au poing que vos ancêtres ont fondé leur empire ; c'est par la guerre qu'ils ont maintenu et agrandi leur autorité, au dedans, non moins qu'au dehors. L'œuvre est achevée, Votre Majesté ne peut la détruire ; j'oserai dire qu'elle n'en a pas le droit. L'armée est le bras du prince ; un roi n'est rien que par l'épée ; s'il désarme, il abdique.

— Cher comte, répondit Jacinthe d'un ton résolu, j'apprécie votre zèle et votre dévouement. Il y a trois jours vos paroles auraient pu m'éblouir ; l'aspect de ce champ de carnage m'a dessillé les yeux. Depuis que je sens la responsabilité qui pèse sur ma tête, ce pouvoir absolu qui vous charme, me fait peur. Quoi ! c'est entre les mains d'un homme que vous remettez le droit d'envoyer tout un peuple à la boucherie? Cet effroyable privilége, j'en ai usé, je n'en veux plus. Si la vieille machine du gouvernement doit tomber avec l'armée, qu'elle tombe au plus vite. Que m'importe la centralisation ? Est-elle autre chose que la commune servitude du prince et des sujets? Advienne que pourra, mon choix est fait. J'aime mieux être le premier magistrat d'un peuple libre que le grand Lama de l'administration.

— Sire, s'écria Pieborgne, que Votre Majesté me permette de lui emprunter ces mots sublimes, mon discours est fait. La chambre est à moi ! Arrière ce système suranné qui sacrifie tout un peuple à la passion, au caprice, à la folie d'un homme! Il est passé, le temps du pouvoir absolu; un jour nouveau se lève sur un monde meilleur. Ce n'est plus par la force et le silence que les princes gouvernent, c'est par l'intelligence et le dévouement. Glorifions-nous d'avoir à notre tête un roi chez qui la sagesse devance les années, qui comprend ce que la civilisation demande, et qui (c'est à lui-même que j'emprunte ces paroles admirables) aime mieux être le premier magistrat d'un peuple libre que le grand Lama de l'administration.

— Chevalier, dit Touche-à-Tout, vous oubliez votre laryngite, vous aurez une rechute.

— Je vous remercie de l'intérêt que vous prenez à ma santé, dit l'innocent Piborgne, mais je crois, mon cher collègue, qu'en ce moment parler me fait du bien. »

Le comte lui jeta un regard de mépris, et s'adressant à Jacinthe :

« Sire, dit-il, permettez-moi une dernière réflexion, après quoi je me renfermerai dans un silence respectueux. C'est pour faire le bonheur de son peuple que Sa Majesté veut généreusement renoncer au glorieux héritage que lui ont transmis ses ancêtres. J'admire la noblesse d'un pareil sacrifice, je doute de son utilité. Je crains que l'expérience n'apprenne au roi que la faiblesse de l'administration est plus fatale encore au bien-être des sujets qu'à la grandeur du prince. Il est des nations faites pour se gouverner elles-mêmes, elles ont l'esprit, les mœurs, les habitudes de la liberté ; il en est d'autres qui sont faites pour être gouvernées et qui n'en tiennent pas moins leur place dans le monde. Les Gobemouches ne sont pas un peuple, c'est une armée ; ils ont toutes les vertus et tous les vices du soldat. Braves, généreux, intelligents, mais remuants, moqueurs et vaniteux, ils ne se résigneront jamais à la monotonie d'une vie réglée. Ce qui leur plaît, c'est le danger, c'est le hasard, c'est la fortune gagnée en un jour à force de courage, d'esprit ou de bassesse. Héroïques soldats, détestables citoyens, mécontents ou valets, un pareil peuple n'est qu'une foule désordonnée si une main de fer ne le discipline et ne le mène militairement vers un but glorieux. Avec un chef énergique, il n'est rien dont cette nation ne soit capable ; abandonnée à elle-même, elle se dissoudra. Pour les Gobemouches, la liberté n'est que le déchaînement de toutes les passions, le règne de l'audace et de la cupidité ; son dernier mot c'est l'anarchie.

— Cher comte, dit le prince, vous êtes dur pour mon pauvre peuple ; j'en ai meilleure opinion. Je crois que lui et moi nous avons été mal élevés, nous referons notre éducation ensemble, j'aurai confiance en lui, j'espère qu'il me rendra amour pour amour.

— Non, sire, je le connais, il prendra votre bonté pour faiblesse, il y répondra par l'insolence et le dédain. C'est un cheval vicieux qui s'emporte dès qu'on lui rend la main.

— Sire, dit Pieborgne qui étudiait le visage du jeune monarque, permettez-moi de protester contre cette accusation. Nous ne sommes ni aussi vaniteux, ni aussi ingrats qu'on nous fait. On nous a toujours gouvernés par nos défauts, on a flatté nos vices pour en abuser; qu'on essaye de nous gouverner par nos vertus, on verra ce que peut faire ce peuple qui n'est léger que parce qu'on le traite en enfant. Donnez-lui la liberté, il s'attachera au travail, il aimera son prince, et comme il a été le premier dans la guerre, il sera le premier dans la paix.

— Est-ce un fragment de votre prochain discours? demanda Touche-à-Tout; il me semble que vous avez changé de dossier. »

Pieborgne regarda le comte d'un air narquois et ne répondit rien. C'était un si grand avocat qu'il savait se taire au besoin.

Après un court intervalle, le comte releva la tête d'un air dégagé.

« Sire, dit-il, je pars dans une heure pour préparer le retour de Votre Majesté dans ses États. Voici la liste des pertes que nous avons subies. Trois mille morts, douze mille blessés; quel chiffre mettra-t-on dans *la Vérité officielle?*

— Pourquoi *la Vérité officielle* ne dirait-elle pas purement et simplement la vérité? demanda Jacinthe, surpris de la question.

— Cela ne s'est jamais fait, sire. Voilà encore une nouveauté qui effrayera tout le monde. L'usage est de réduire nos pertes au quart, et de quadrupler celles de l'ennemi. Les Gobemouches sont habitués à cette arithmétique. Dites-leur la vérité, ils n'y croiront pas.

— C'est encore une éducation à refaire, dit le prince; commençons dès aujourd'hui.

— Avant de quitter Votre Majesté, reprit le comte, je la prierai de signer ce papier. C'est un emprunt de deux cents millions destinés à payer les dépenses extraordinaires de la mémorable journée de Necedad.

— Quinze mille hommes hors de combat, deux cents millions de perdus! s'écria Jacinthe,

— Sire, dit Touche-à-Tout, qu'est-ce que cela auprès de la gloire que Votre Majesté a conquise?

— Hélas! reprit le prince, qu'est-ce que la gloire auprès de tant de sang et de tant d'or inutilement gaspillés! Donnez, comte, que je signe. Mais vous me parliez de deux cents millions, et je vois que l'emprunt est de deux cent vingt?

— Oui, Sire, il y a dix millions pour les banquiers, et dix millions pour les fêtes que les Gobemouches vont offrir à leur prince victorieux. C'est leur part de gloire, on ne peut pas la leur marchander.

— A Dieu ne plaise que je m'oppose à la joie de mon peuple! je serai fier des hommages que recevront nos braves soldats. Mais pourquoi envier à nos sujets le plaisir d'organiser eux-mêmes les fêtes qu'ils nous donnent? Sont-ils donc incapables de dépenser eux-mêmes leur argent?

— Certainement, sire, reprit le comte. Il y a des siècles que les Gobemouches ont remis au gouvernement le soin de leurs plaisirs et de leurs peines. Joie ou douleur publique, tout se règle administrativement. Que deviendrait l'autorité si un peuple indiscret refusait de s'attrister ou de se réjouir quand l'État est en deuil ou en liesse? De quoi se plaindraient les Gobe-mouches? Ils payent et ne s'inquiètent de rien: plaisirs et fêtes viennent au-devant d'eux. Peut-on imaginer une condition plus heureuse? N'est-ce pas celle d'un prince avec ses intendants?

Jacinthe signa en soupirant et sortit. Pieborgne le suivit pour lui démontrer, dans un long discours, qu'à une nouvelle politique il fallait des hommes nouveaux, que le règne de la liberté était celui de l'éloquence, et que le premier ministre d'un roi constitutionnel était nécessairement un avocat. Le prince le laissa parler sans l'interrompre, il ne l'écoutait pas; il songeait aux morts, aux blessés, et, s'il faut tout dire, il songeait aussi, et plus qu'il ne l'aurait voulu, au plaisir de revoir l'aimable Tamaris.

Touche-à-Tout était furieux; la faiblesse du roi l'inquiétait, la perfidie de Picborgne l'indignait. Quoi! cette œuvre séculaire, que, pour sa part, il avait soutenue par un labeur de trente années, allait s'écrouler sous le souffle d'un enfant? L'héritage du premier ministre tomberait entre les mains d'un bavard qui jouait avec les mots? Non, cela ne se pouvait pas.

« On ne nous connaît point, pensait-il tout le long de la route, on ne sait pas ce que c'est que l'administration. Elle a trouvé moyen de se passer du peuple, elle saura quelque jour se passer des rois. »

CHAPITRE XVII

L'IVRESSE DU TRIOMPHE.

La simplicité et la modestie ne sont pas communes chez les Gobemouches; si par hasard un prince est infecté de ces vertus bourgeoises, on prend soin de l'en guérir au plus vite. Jacinthe en fit l'expérience. Ce ne furent pas quelques flatteurs, payés pour amuser et tromper le maître, ce fut la Gobemoucherie tout entière qui se rua aux pieds du jeune vainqueur et qui l'adora comme un Dieu. Ainsi est fait l'heureux peuple des Gobemouches. Amour, haine, mépris, chez lui tout est mode, tout est fureur. Vous réussissez le matin, vous êtes un grand homme; vous échouez à midi, vous n'êtes qu'un sot, trop longtemps méconnu. Rois et ministres ne sont pas les gérants d'une société sujette aux coups de la fortune, ce sont des acteurs qu'on paye fort cher pour remplir la scène et amuser le public. Aussi ne leur passe-t-on ni faiblesse, ni défaillance ; si on ne les applaudit pas, on les siffle.

Jacinthe avait réussi ; il était jeune, beau, victorieux ; tous les cœurs étaient à lui. De la frontière à son palais, durant une cavalcade de quinze jours, il lui fallut passer des revues et recueillir des députations sans nombre, traverser cent vingt arcs de triomphe, recevoir cent cinquante couronnes et six mille bouquets, donner quarante-cinq mille poignées de main, saluer les dames, embrasser les jeunes filles, sourire à tout le monde et, ce qui n'était pas le moins rude, écouter sans faiblir trois cents harangues et deux cents compliments ; j'oublie la musique, les cloches, les bals et les dîners.

Jacinthe avait une santé de fer ; il avait fait, en se jouant, le rude métier de soldat ; mais il apprit bientôt qu'il est plus aisé de supporter la peine que le plaisir. Les premiers temps, tout alla bien : femmes et rois souffrent volontiers qu'on les traite en idoles ; mais au bout de quatre jours, notre héros se trouva un peu étourdi de tout cet encens ; à la fin de la semaine il rêvait de repos et de solitude ; le neuvième jour, s'il n'eût été un prince bien élevé, il eût jeté tous les discours par la fenêtre ; le dixième, il se sentit une envie féroce d'envoyer les députations par le même chemin. La gloire et la victoire, les lauriers et les guerriers, les Alexandre et les César lui bourdonnaient aux oreilles comme des mouches qu'on ne peut chasser. Ces honnêtes bourgeois qui quittaient leurs comptoirs pour lui chanter, sur le mode lyrique, la bataille qu'ils n'avaient point vue et les exploits qu'ils n'avaient point faits, ces magistrats qui jetaient leur grand sabre dans la balance de Thémis, et qui érigeaient en jugement de Dieu les jeux de la force et du hasard, ces milices champêtres qui, avec la fierté des conquérants, défilaient au pas des moutons, tout cela agaçait Jacinthe et lui donnait des crispations nerveuses. Heureusement il avait auprès de lui le joyeux Pieborgne qui, d'un regard, d'un geste, d'un mot, encourageait si bien les orateurs, que la plupart restaient court, au grand amusement du roi. Mais tout s'use ici-bas, même le rire: aussi dès que Jacinthe aperçut Plaisir-sur-Or, sa chère capitale, peu s'en fallut qu'il ne donnât de l'éperon dans le ventre de son cheval pour s'enfuir au plus vite et se réfugier au château. Par bonheur pour les Gobemouches, l'étiquette était là qui retenait le prince; rien ne troubla l'ordre et la marche de l'armée victorieuse qui ramenait son chef en triomphe et le rendait à l'amour de ses sujets.

L'entrée fut admirable. Les rues jonchées de fleurs, les balcons pavoisés, les femmes aux fenêtres, la foule sur les trottoirs, sur les arbres, sur les toits, tout annonçait la joie d'un peuple en délire. Tous les cœurs battaient à l'approche des troupes, tous les yeux cherchaient le jeune vainqueur. Regardez. Deux hérauts d'armes ouvrent la marche; voici toutes les musiques de la cavalerie qui jouent l'hymne national, voilà les soldats blessés, qui s'appuient sur leurs camarades, et portent avec eux trente drapeaux pris à l'ennemi; voilà deux cents tambours qui résonnent à l'unisson; c'est le chant favori des Gobemouches.

A cinquante pas derrière les tambours, à trente pas en avant de son état-major, paraît Jacinthe monté sur son cheval de combat. A cette vue, un hourra formidable couvre le bruit même des tambours; les hommes agitent leurs chapeaux, les femmes remuent leurs mouchoirs : *Vive le roi !* Le prince est pâle, et salue avec son épée;

les cris redoublent, on voit des larmes dans tous les yeux. Qui ne mourrait pas pour un prince aussi brave et aussi charmant? Belles journées, si elles avaient un lendemain !

Le défilé dura six heures. Quand Jacinthe entra au château, il était ivre d'émotion, de fatigue et de bruit. Courir auprès de sa mère, l'embrasser tendrement, la rassurer, recevoir ses larmes et ses baisers, ce fut la première chose que fit le prince ; mais ce devoir rempli, une pensée non moins chère s'empara de son esprit. Enfin il était libre, enfin il lui était permis de jouir de sa puissance, enfin il pouvait demander à Tamaris de régner avec lui. Une femme douce, bonne, timide, comme l'était la vicomtesse, n'était-ce pas une compagne désignée par le ciel pour faire le bonheur d'un époux et permettre au roi d'exécuter ses grands projets.

Si amoureux qu'on soit, on ne va pas en habits poudreux offrir son cœur et sa main. Jacinthe s'habilla, et, faut-il l'avouer, il prit plaisir à mettre son uniforme le plus élégant. Jeune et victorieux, il voulait se présenter avec ses avantages. Était-ce coquetterie et vanité? Non, c'était le désir de plaire à celle qu'il aimait.

Il se regardait dans la glace, et ne se trouvait pas mauvaise façon, quand on gratta à la porte. Un chambellan entra et salua profondément.

« Qu'y a-t-il? demanda Jacinthe.

— Sire, répondit l'officier du palais, je viens prendre les ordres de Sa Majesté. Il y a là, dans les salons, cent deux députations qui attendent.

— Cent deux députations, s'écria le prince terrifié ; qui les a convoquées?

— Sire, c'est le grand chambellan qui a fait ce que l'étiquette ordonnait.

— Cent deux députations, murmura le prince, cent deux députations! Quand donc échapperai-je à cet esclavage? Toujours roi, jamais homme! Allons, monsieur, dit-il au chambellan, annoncez-moi, je suis prêt. »

Il le suivit avec la résignation d'un condamné qu'on traîne au supplice.

Le salon était rempli d'uniformes de toutes les couleurs, rouges, oranges, bleus, blancs, verts, etc. On ne voyait que broderies, croix et rubans. Dans le royaume des Tulipes on adore l'égalité, mais on la pratique d'une façon singulière! *Personne au-dessus de moi et moi au-dessus des autres*, c'est la devise qu'une longue éducation monarchique a gravée dans le cœur des Gobemouches.

Au milieu de ses habits bariolés se promenaient d'un air grave les chiens du prince. Ils étaient chez eux et faisaient les honneurs du salon. Chacun les appelait, chacun voulait les caresser; mais, avec le sentiment de leur dignité, ils se tenaient à part, et quand le maître parut, ils se couchèrent à ses pieds, en demi-cercle, immobiles et sérieux comme les sphinx du désert.

Le défilé commença.

La première députation était présidée par le directeur général de l'enseignement et des cultes, le vénérable baron Pleurard. Il s'avança d'un pas mesuré, soupira, mit ses grandes lunettes, et d'une voix monotone commença le discours suivant :

« Sire,

« L'Éternel est le Dieu des armées. C'est lui qui donne la victoire aux princes qui l'honorent et qui pratiquent ses commandements. C'est lui qui châtie et qui abat les orgueilleux dont l'ambition et le caprice répandent comme de l'eau le sang des hommes. C'est lui qui met en poudre la mâchoire des lions. C'est lui qui brise les superbes. La peur les consume au dedans, l'épée les consume au dehors. Jeunes gens et jeunes filles, enfants et vieillards, tout est exterminé. Dieu les a vendus ! Dieu les a livrés ! Le juste se réjouit en voyant la vengeance et il lave ses mains avec joie dans le sang de l'impie. »

— Assez, monsieur le baron, dit le prince. L'Éternel est le Dieu des armées ; c'est lui qui refuse ou qui donne la victoire, je le sais, et je le remercie de ses bontés pour mon peuple. Mais le Dieu des armées se nomme lui-même le Dieu des vengeances; c'est par la guerre qu'il punit les fautes des nations ou les passions des rois. L'Éternel a des noms plus doux ; c'est aussi le Dieu de la paix, le Dieu qui pardonne. C'est lui qui permet aux hommes de vivre, de travailler, de cultiver leur âme, d'aimer leurs frères, de répandre sur la terre le bien-être et la vérité. C'est sous ce nom miséricordieux qu'il nous faut l'implorer désormais. Oublions la guerre et les maux qu'elle enfante, et puisse l'Éternel, dans sa bonté, nous épargner à jamais le retour d'un pareil fléau ! »

Ces paroles, prononcées d'un ton ferme, et religieusement écoutées, mirent toute l'assemblée en désarroi. Au lendemain d'une bataille, chacun arrivait avec une harangue guerrière. Il n'était si mince employé, si paisible boutiquier qui ne se disposât à pourfendre les Cocqsigrues avec des mots longs de deux aunes, et voilà que le vainqueur parlait de travail et de paix. Que faire en pareil cas? Les plus habiles rengainèrent leur discours pour s'en servir en meilleure occasion, et entonnèrent un hymne à la paix ; les autres, hors d'état d'improviser, lurent en souriant leurs dithyrambes et mirent une sourdine à ces terribles accents ; un seul, plus naïf ou plus habile, ne tint compte de ce qu'il avait entendu : il emboucha la trompette et sonna la charge avec l'entrain d'un vieux soldat. C'était le syndic de l'honnête compagnie des merciers-bonnetiers.

« Sire, dit-il, nous sommes de bonnes gens qui n'entendent rien aux finesses de la diplomatie. Nous n'avons pour nous que ce gros bon sens que dédaignent les beaux esprits qui cherchent midi à quatorze heures. Mais chez nous, quand une guêpe bourdonne, on l'écrase, et quand un loup se met à hurler on lui loge quatre balles dans le ventre. Il y a cinq cents ans qu'on se bat avec les Cocqsigrues, il est temps d'en finir avec cette vermine. La chose serait faite depuis longtemps si l'on n'avait pas écouté les folliculaires et les avocats. Sire, achevez cette œuvre providentielle. Donnez-nous une paix solide en exterminant le dernier de nos ennemis. Nous sommes invincibles. Si quelquefois nous avons eu le dessous, c'est qu'on nous a trahis. Aujourd'hui nous n'avons rien à craindre de semblable : nos ressources sont inépuisables, nos soldats aguerris, que tardons-nous ? Ces misérables Cocqsigrues osent dire qu'un seul d'entre eux viendrait à bout de six Gobemouches ; l'histoire est là pour faire justice de cette fanfaronnade : un seul Gobemouche avale dix Cocqsigrues, chacun sait ça. En avant ! Sire ; déployez l'étendard de la victoire ; on verra si la peur entre dans l'âme... »

Un aboiement formidable couvrit les derniers mots de l'orateur. Un dogue mal appris qui, jusque-là, s'était contenté de grogner, s'effraya des gestes héroïques que prodiguait l'honorable syndic, et, se croyant menacé, lui sauta à la gorge avec une telle rage que le pauvre homme tomba, sans pouls ni voix, entre les bras de ses voisins. Par malheur un chien n'aboie jamais seul. A l'appel du dogue, toute la meute répondit par des bonds furieux et d'effroyables hurlements. Il y eut un moment d'inexprimable confusion. Députés, chambellans, valets couraient après ces nouveaux alliés des Cocqsigrues et frappaient à tour de bras. Il fallut plus d'un quart d'heure avant que l'ordre se rétablit.

Jacinthe, qui avait eu quelque peine à garder son sérieux, trouva des paroles aimables pour excuser cet incident ridicule. Il promit que justice serait faite, consola l'orateur ébahi et lui donna une poignée de main si cordiale, qu'au mépris de l'étiquette le bonhomme lui sauta au cou et pleura d'attendrissement.

Cette scène avait touché tous les cœurs; le jeune roi mit le comble à l'émotion générale, en terminant la séance par les mots suivants, qui furent couverts d'acclamations.

« Messieurs, dit-il, je suis heureux et fier de votre confiance. Continuez à m'aider de vos conseils et de vos avis. Si la liberté de la parole était bannie de la terre, c'est ici qu'elle trouverait un asile. Le premier besoin, le premier droit d'un prince est de connaître la vérité; le premier devoir des sujets est de la dire sans arrogance et sans faiblesse. Adieu. »

Dès le soir même les journaux imprimèrent en gros caractères cette réponse mémorable. Il n'y eut que *la Vérité officielle* qui n'en parla point. L'administration n'entendait pas que le prince s'émancipât; elle continuait les bonnes traditions. Les journaux officiels ressemblent aux commentaires que les savants ajoutent aux textes de l'antiquité: on y trouve rarement ce qu'on cherche, mais en revanche on y trouve toujours ce qu'on ne cherche pas.

CHAPITRE XVIII

DE L'UTILITÉ DES CHIENS AU POINT DE VUE LITTÉRAIRE.

Les cent deux députations descendaient en bourdonnant les escaliers du château, Jacinthe commençait à respirer, quand le grand chambellan vint lui annoncer l'approche d'une députation attardée. Les directeurs et professeurs de la célèbre École normale de Plaisir-sur-Or demandaient à déposer leurs respectueux hommages aux pieds de Sa Majesté.

« Le diable les emporte! dit le prince.

— Je vais leur porter les paroles de Sa Majesté, répondit sans sourciller le grand chambellan.

— Arrêtez, dit Pieborgne. Sa Majesté a peut-être oublié qu'à l'âge de deux ans elle s'est gracieusement offerte pour être la protectrice de cette École que le monde nous envie. Après avoir reçu avec tant de bonté cent deux députations, il serait dur et peut-être impolitique de mettre la cent troisième à la porte.

— Recevez-la vous-même, chevalier, dit Jacinthe, et ôtez-lui l'envie de m'importuner une autre fois; je vous passe tous mes pouvoirs. »

Et il s'enfuit, joyeux comme un écolier, léger comme un amoureux.

On introduisit les visiteurs. En tête des professeurs marchait le directeur de l'École, l'aimable et piquant Facetus. C'était un épicurien délicat, qui doutait de tout, n'admirait personne, et trouvait que lui seul au monde avait de l'esprit. Écrivain recherché, maître d'élégance, *arbiter elegantiarum*, il faisait facilement de la littérature difficile. Il avait traité Tacite de polisson, et démontré, en deux gros volumes, qu'Auguste avait sauvé la République en fondant l'Empire, que Caligula était un financier ingénieux, Claude un antiquaire plein d'esprit, Néron un fils trop sensible et un grand artiste méconnu. Sa personne n'était pas moins élégante que ses écrits; il était parfumé comme un Romain de la décadence; on l'aurait pris pour un jeune patricien s'il n'avait porté des lunettes d'or, un frac noir et des souliers vernis.

Il tenait un papier à la main, et cherchait des yeux le prince, lorsque Pieborgne lui dit avec la gravité d'un magistrat :

« Monsieur, veuillez lire votre harangue. On a prononcé aujourd'hui tant de paroles incongrues, qu'il a paru nécessaire d'établir une censure afin de ne présenter désormais au roi que des discours dignes de lui.

— Sa Majesté douterait-elle de nos sentiments? s'écria Facetus.

— A Dieu ne plaise! répondit l'avocat; Sa Majesté sait que sa bonne École normale n'a jamais varié; les professeurs sont dévoués au pouvoir, les écoliers font de l'opposition, les uns courent après la croix, les autres après la liberté; ceci est dans l'ordre. Parlez. »

Facetus se demanda si on ne se moquait pas de lui, mais quand c'est un ministre qui parle, force est d'obéir : il déplia son papier et commença d'une voix assurée :

« Sire,

« Pour célébrer dignement cette grande journée, il faudrait une voix plus autorisée que la nôtre...

. . . .

— Qui vous a refusé l'autorisation? demanda Picborgne.

— Personne, Excellence, répondit Facetus étonné de l'ignorance du ministre. *Une voix plus autorisée* veut dire *une voix qui a plus d'autorité.*

— Pourquoi alors ne dites-vous pas simplement : *Il faudrait une voix qui eût plus d'autorité que la mienne?*

— Excellence, nous avons changé tout cela. Pour rajeunir une langue vieillie nous avons inventé des modes nouveaux, des formes insolites. Nous verbalisons les substantifs, nous adjectivons les verbes, nous substantivons les adjectifs, et, au moyen de ces ingénieuses hardiesses, nous transformons les grossièretés du langage vulgaire en un parler délicat et mystérieux. En nous lisant chacun dit aussitôt : « Voilà le style de l'École normale! Il n'y a que là où l'on écrit de cette façon. »

Et, reprenant son papier, il lut ce qui suit :

« A défaut du talent qui nous manque, qu'il nous soit permis d'apporter ici notre admiration discrète et notre enthousiasme contenu...

— Hum! hum! dit Picborgne : *Enthousiasme*

contenu; cela sent l'opposition. Au temps de l'aimable Néron on aurait bâti là-dessus une belle petite accusation de lèse-majesté. Les princes n'aiment guère qu'on se contienne quand on les adore. Qu'est-ce encore qu'une *admiration discrète?* Je n'entends pas ce dernier mot; il est suspect.

— Excellence, dit Facetus, ce vocable est de la plus parfaite innocence; le sens n'en est pas douteux; aujourd'hui tout est *discret*, c'est l'adjectif à la mode. On a une science *discrète*, une sévérité *discrète*, une vie *discrète*, et, pour tout dire, c'est le mot *modeste* que nous avons remplacé par une expression neuve, piquante, et qui éblouit l'auditeur.

— Je comprends, il vous faut un mot qu'on n'entende pas. C'est fort ingénieux.

— « Quand les choses parlent, continua Facetus, il est bon de se taire...

— A propos de quoi dites-vous cela? demanda le ministre.

— Excellence, c'est le petit trait final. Nous commençons toujours par une grande phrase, cadencée, balancée, pleine d'images pondérées et de grands mots équilibrés, puis alors, comme le Parthe, nous lançons la flèche qui entre dans la chair et la fait tressaillir.

— J'entends. Beaucoup de mots, peu d'idées. Continuez. »

Facetus leva le bras en l'arrondissant :

« Quel est cet éphèbe qui brandit une épée? Sommes-nous à Skyros? est-ce le fils de la blonde Thétis, le bouillant Akilefs, séduit une fois encore par le protégé d'Athené, l'artificieux Odyssefs?

— Miséricorde! s'écria Pieborgne, quel est ce charabia?

— Excellence, c'est l'hellénisme, ramené à la pureté de sa prononciation légitime et purgé des grossières altérations des Barbares.

— Oui, dit Pieborgne; nos pères parlaient, et vous écrivez. Ils faisaient de la langue une musique, vous en faites des hiéroglyphes. Allez toujours.

— « Non, continua Facetus, c'est le filleul des fées, le charmant Hyakinthos qui a reçu tous les dons en partage. Il a la force, il a la gloire, il a la flamme.

— *La illah, Mohammed reçoud Allah*, dit le chevalier. Tout à l'heure vous parliez grec, maintenant vous parlez arabe. *Il a la flamme!* Flamme de qui? Flamme de quoi? Qu'est-ce que cela signifie?

— Excellence, c'est la nouvelle façon de dire qu'un homme a du génie. Voici maintenant la grande période de mon discours, j'ose prier Votre Excellence de ne pas interrompre, car ici le charme tient au mouvement harmonieux des mots, à la grâce changeante et fugitive des nuances.

« Sortir d'une tige royale, illustre et belle entre toutes, être la fleur qui la couronne, et le fruit qui l'enrichit, grandir sous les yeux d'une mère qui a toutes les tendresses et toutes les générosités des Cornélies, dédaigner, dès le berceau, les molles langueurs des oisivetés royales, rêver à toutes les gloires, aspirer à toutes les grandes initiatives...

— Pardon, dit l'avocat en poussant un soupir, combien vous reste-t-il encore d'infinitifs?

— Vingt-deux, monsieur le ministre, sans parler du petit trait final.

— Eh bien! dit joyeusement l'avocat, si nous passions de suite au petit trait final?

— Excellence, est-ce ainsi qu'on encourage les lettres?

— Monsieur Facetus, reprit le ministre d'un ton sérieux, nous vous donnerons à l'instant même la preuve de l'intérêt que nous portons à la saine littérature. Qu'on amène un des chiens de Sa Majesté. »

Aussitôt dit, aussitôt fait. Un bel épagneul entra dans la salle et promena sur l'assemblée ses yeux intelligents.

« Monsieur Facetus, dit Pieborgne, faites-moi le plaisir de caresser cette noble bête. Voyez comme elle vous regarde, et par quel murmure joyeux elle répond à votre amitié. Très-bien. Maintenant enlevez ce chien par la peau du cou; il grogne, ce n'est rien; remettez-le à terre, et tirez-lui la queue. Avez-vous peur qu'il vous morde?

— Je crois, monsieur, qu'il est temps de nous retirer, dit Facetus, rougissant jusqu'aux oreilles.

— Non, monsieur, pas avant que nous n'ayons tiré la morale de cette petite scène. Avez-vous écouté le langage de cet épagneul, *ouua*, *oua*, *ouak?* Un même mot, accentué de trois façons, lui suffit pour tout dire. Peine, plaisir, joie, douleur, amour, regrets, reconnaissance, fureur, il exprime tout par la diversité d'un même son.

Et vous, qui disposez des quarante mille mots de la langue, vous êtes pauvre au milieu de cette richesse. Pour dire la chose la plus simple, il vous faut torturer le verbe, disloquer l'adjectif, atteler deux épithètes à chaque substantif. Morbleu! monsieur, parlez comme tout le monde, laissez là vos *voix autorisées*, vos *admirations discrètes*, votre *pinceau magistral*, vos *rigueurs érudites*, vos *tribunes palpitantes*, vos *paroles émues*; renoncez à vos *grandes individualités*, à vos *initiatives*, à vos *impudeurs*, à vos *anarchies intérieures*, et ne vous croyez pas un grand homme parce que vous mettez au pluriel un mot fait pour rester au singulier. Tout ce tapage ne fait que mieux ressortir la pauvreté ou les pauvretés de votre ou de vos discours. Ayez des idées, les mots viendront tout seuls, les plus simples seront les meilleurs. La vérité est comme une statue; moins elle est voilée, plus elle est belle. La couvrir d'ornements, c'est la traiter en courtisane, c'est la déshonorer.

— Aristotélès, que Votre Excellence appelle Aristote, nous a dit tout cela depuis longtemps, reprit Facetus d'un ton impertinent; ce n'est pas notre faute si la langue a vieilli. Les mots usés par le temps ne sont plus que des médailles frustes...

— Ce n'est pas une raison pour les remplacer par de la fausse monnaie.

— Il faut plaire aux gens de goût, reprit Facetus en élevant la voix; le public lettré est rassasié des formes vulgaires et n'aime que le délicat.

— Occupez-vous un peu moins des lettrés, monsieur Facetus; nous ne sommes pas en Chine, et nous ne faisons pas de bouts rimés. Le monde marche; chaque jour amène des vérités nouvelles et augmente le nombre de ceux qui cherchent la lumière. Avec un si grand auditoire, à quoi bon raffiner? Soyez simples comme vos antiques modèles; l'art ne change pas, et de tout temps vérité, beauté, simplicité, marchent de compagnie. Ce sont les trois Grâces sous un autre nom; excusez-moi si j'oublie leur titre grec.

« Adieu, monsieur Facetus, je donne ce bel épagneul à l'École que vous dirigez; faites-en un répétiteur de langue et de littérature; on ne l'écoutera pas sans profit. »

Maître Facetus sortit furieux, il n'avait pas

tort. On s'était moqué de lui, et il avait perdu son discours. Pour comble d'ennui, le soir même l'épagneul était installé et se promenait majestueusement dans l'École. C'est depuis lors, assure-t-on, que dans l'histoire de l'Université gobemouchienne, il est question des *chiens de cour*.

CHAPITRE XIX

DAS EWIG-WEIBLICHE.

Le ministère du comte de Touche-à-Tout occupait une des ailes du château ; on y communiquait à l'intérieur par la galerie des fêtes, déjà préparée pour le bal du soir. C'est ce chemin que choisit Jacinthe. Il arrivait ainsi sans être vu ; il pouvait surprendre Tamaris et mettre aux pieds de la belle vicomtesse, non pas le roi qui commande, mais l'amant qui supplie.

A peine entré dans le salon, le prince entendit la voix et le pas de Tamaris. Elle approchait : un moment encore, il allait tomber à ses genoux.

O vous ! qui avez aimé, vous qui aimez encore, époux jeunes ou vieux, avez-vous oublié l'heure où, le cœur tremblant, vous alliez dire à la bien-aimée le secret qu'elle avait depuis longtemps deviné? Avez-vous oublié le frisson qui courait dans vos veines, le feu qui brûlait votre front? Non, ce souvenir ne s'efface jamais; tous les plaisirs de la vie ne valent pas ce trouble et cette inquiétude.

Le jeune roi en était là. Pâle, agité, il écoutait. Déjà il entendait le frôlement de la robe; la main de Tamaris appuyait sur le bouton de la porte. Tout à coup, ô dérision de la fortune! Jacinthe s'abattit sur le parquet: le prince n'était plus qu'un caniche!

Éperdu, il s'enfuit, et, trouvant une porte ouverte devant lui, il alla cacher sa honte sous les meubles d'une chambre déserte. Le sort le poursuivait. Il n'était pas remis de ses angoisses, que Tamaris entra, suivie de Jonquille, qui portait dans ses bras sa levrette favorite. C'était dans le boudoir de sa bien-aimée que le malheureux Jacinthe s'était réfugié.

Jonquille coucha sur un canapé sa chère Mirza, qui grognait, et se mit à genoux pour la caresser.

« Que tu es sotte avec cet animal! dit Tamaris. Laisse là ce chien, viens me coiffer.

— Ah! mademoiselle, s'écria Jonquille en

poussant un soupir, vous ne savez pas ce que c'est que d'aimer !

— Non, je n'aime pas les bêtes.

— Qui n'aime pas les bêtes n'aime pas les hommes, » dit Jonquille.

Après cette belle sentence, elle dénoua les cheveux de sa maîtresse.

« Surpasse-toi, Jonquille, dit la vicomtesse. Il faut qu'au bal de ce soir ma toilette fasse mourir d'envie toutes les femmes.

— Elles n'ont pas besoin de cela pour crever de jalousie, dit Jonquille.

— Tu me flattes ?

— Non, mademoiselle ; ce n'est un secret pour personne que vous serez bientôt notre reine.

— Qui dit cela? demanda Tamaris d'un air dédaigneux.

— Tout le monde, mademoiselle. L'amour du prince éclate à tous les yeux. Pauvre jeune homme! ses aides de camp racontent qu'ils en faisaient ce qu'ils voulaient en lui parlant de vous. Ce qui m'étonne, c'est qu'il ne soit pas encore ici.

— Fais attention à ma coiffure, dit la vicomtesse en se mirant; il me semble qu'à droite il y a une fleur qui n'est pas à sa place.

— Savez-vous, mademoiselle, reprit la camériste, qu'une femme doit être fière d'inspirer une passion aussi vive?

— Je ne dis pas non, répondit négligemment Tamaris.

— Tenez, mademoiselle, dit la sensible Jonquille, quand vous parlez de la sorte, le sang me bout dans les veines. Y a-t-il rien de plus beau que le prince?

— Qu'est-ce que la beauté chez les hommes? dit Tamaris. Cela ne sert qu'à augmenter leur fatuité.

— Il a, dit-on, de l'esprit comme un ange.

— Dis plutôt comme un démon, reprit Tamaris. Il a déjà blessé mon père et tous nos amis. Trop d'esprit est chose dangereuse chez les rois et chez les maris.

— Songez qu'à seize ans c'est un général victorieux.

— Oui, il se croit fait pour dominer. Les fées, dit-on, lui ont donné la force en partage; il faut que tout plie devant lui.

— Vous ne l'aimez donc pas, mademoiselle?

— Ma pauvre Jonquille, dit Tamaris en riant, tu n'es pas de ton siècle. L'amour est bon pour les petites gens; une femme de mon rang est au-dessus de cette triste folie... Que tu mets mal mon rouge! continua-t-elle en élevant la voix; force donc au-dessous de l'œil. Bien. Un peu plus de blanc sur mon cou. Prends ton pinceau : il y a là une veine qui a perdu son bleu. Comment me trouves-tu?

— Charmante, mademoiselle. Mais je ne comprends pas que, belle comme vous êtes, vous refusiez une couronne.

— Qui te dit que je refuse?

— Dame! mademoiselle, je croyais que pour épouser les gens il fallait les aimer.

— Où prends-tu de pareilles folies? Si on n'épousait que ceux qu'on aime, le monde serait peuplé de vieilles filles. La seule condition, pour se marier, c'est de n'aimer personne. Je n'ai aucun goût pour cet enfant vaniteux, c'est vrai, mais tout autre me serait aussi indifférent. Ce qu'on cherche en se mariant, ce n'est pas un mari, c'est une position. Il ne me déplaît pas d'être reine; je crois que je me tirerai pas mal de ce rôle. De la cour, je ferai le séjour des plaisirs et des fêtes ; amie d'un luxe élégant, j'encouragerai le commerce et je protégerai les arts. Je donnerai le ton ; on ne verra que par mes yeux. Je ne m'en tiendrai pas là, je sais ce que je vaux, et, si le prince m'aime vraiment, je gouvernerai.

— Et votre père, mademoiselle ?

— Mon père fera ce que je voudrai ; il a déjà l'habitude de m'obéir, j'aurai soin qu'il ne la perde pas, et malheur à qui me déplaira ! Mets une lampe derrière moi, pour que je me regarde. Il me semble que tu t'es surpassée. Le prince n'a qu'à bien se tenir. Ce soir, ma bonne Jonquille, tu salueras la reine des Tulipes. Ma robe est-elle prête ?

— Il y a une dentelle à coudre au corsage ; c'est l'affaire d'un instant. »

Tandis que la maîtresse et la camériste causaient ainsi, un second dialogue s'engageait dans le boudoir. Mirza, qui s'ennuyait sur le canapé, s'était mise à fureter sous les meubles ; elle y avait découvert le pauvre caniche. Mirza était de trop bonne maison pour souffrir auprès d'elle un barbet ; elle se mit à grogner entre ses dents. Avant qu'elle n'éclatât en aboiements,

Jacinthe lui sauta au cou pour la faire taire à tout prix; mais il n'est pas aisé d'étrangler les gens quand on n'en a pas l'habitude. La levrette échappa aux crocs de son ennemi et se sauva dans les jambes de Jonquille en poussant des hurlements pitoyables. Jonquille oublia tout pour prendre dans ses bras sa bien-aimée.

« Mademoiselle! cria-t-elle, Mirza est blessée, son sang coule. Au secours!

— Ma robe, malheureuse! ma robe! cria Tamaris.

— Votre robe, la voilà, dit Jonquille; la fasse qui voudra! Vous n'avez pas de pitié pour le pauvre monde. »

Et jetant à terre dentelles et satin, elle se mit à pleurer en couvrant de baisers la levrette.

A ce moment le comte entra; il venait chercher sa fille. Revêtu de son costume brodé d'or, l'épée au côté, le chapeau sous le bras, la poitrine chamarrée de plaques et de rubans, il avait un grand air; mais son regard était plus soucieux que de coutume. Il ne se dérida qu'en regardant Tamaris.

« Que tu es belle! mon enfant, lui dit-il en la baisant au front; mais pourquoi n'es-tu pas prête? Hâte-toi. J'ai les plus mauvaises nouvelles : nos ennemis entourent le prince; on le séduit avec de grands mots. S'il ne se déclare ce soir, nous sommes perdus. Je n'ai plus d'espoir qu'en toi.

— Hélas! mon père, dit Tamaris, je n'irai pas au bal; voyez ce que Jonquille a fait de ma robe.

— Quelle est cette folie? dit le comte. Perdez-vous la tête, Jonquille?

— Non, monsieur, je ne perds pas la tête, reprit la caméristе toujours en larmes; mais je ne veux pas rester dans une maison où on n'est pas en sûreté. Voyez ce qu'on a fait à Mirza.

— Elle a été mordue, dit le comte.

— Mordue! s'écria Jonquille en se tordant les bras, et par un chien enragé, peut-être! Ah! ma pauvre Mirza, nous sommes perdues!

— Mon père, cela n'arriverait pas, dit sèchement Tamaris, si vous aviez fait signer au prince l'ordre de détruire les chiens errants; mais votre pouvoir n'allait pas jusque-là. Vous êtes d'une faiblesse!...

— Épouse le prince, ma fille, tout changera. Seul, je lui ai déjà fait déclarer la guerre malgré lui ; avec ton secours, nous n'en resterons pas là : je te réponds qu'il fera toutes nos volontés. Voyons, ma bonne Jonquille, remettez-vous et occupez-vous de ma fille, nous n'avons pas de temps à perdre. »

Mais Jonquille pleurait toujours, et, pour apaiser sa femme de chambre, la fière Tamaris, qui s'apprêtait à gouverner un empire, ne dédaigna pas de se mettre à genoux et de caresser Mirza.

« Ne la touchez pas, mademoiselle, dit Jonquille ; si elle était enragée !...

— Mais enfin, s'écria Touche-à-Tout, me dira-t-on où et quand cette bête a été blessée ?

— Ici même, monsieur le comte, dit Jonquille ; là, sous ce canapé. Ah ! mon Dieu ! j'entends quelque chose qui remue. Au secours !

— Silence, dit le comte, n'ébruitons pas cette sotte aventure. Ce soir nous serions la fable de la cour. »

Il tira son épée et se mit à sonder tous les meubles de la chambre. Jacinthe, poursuivi, reculait de fauteuil en fauteuil, mais, poussé dans un coin et déjà touché, il sentit qu'il était perdu. Il sortit brusquement de sa retraite, et se traîna aux pieds de Tamaris. Il ne lui demandait pas grâce, et cependant il se disait qu'elle seule pouvait le sauver.

« L'horrible bête, cria la vicomtesse; tuez-la, mon père, tuez-la.

— Un des amis du prince? dit Touche-à-Tout. Que ne puis-je du même coup frapper le protecteur et le protégé. Meurs, misérable! »

Jacinthe sentit le froid de l'acier qui lui traversait la chair; il bondit sur un meuble qu'il arrosa de son sang, et voyant devant lui la fenêtre, il s'y précipita, rompit la glace en éclats, et tombant lourdement sur la tête, resta étendu sur le pavé.

Le comte remit froidement son épée au fourreau, s'approcha de Jonquille, prit Mirza par la peau du cou, ouvrit la fenêtre, et, d'un tour de bras, envoya la levrette rejoindre le caniche.

« Et maintenant, dit-il à la camériste tremblante, prenez cette bourse et habillez votre maîtresse. Plus de larmes, ou je vous chasse.

— Monsieur le comte est bien bon, » dit Jonquille en pesant la bourse et en essayant de sourire.

Rendons-lui justice, elle ne pleura pas et habilla Tamaris à merveille. Mais plus d'une fois, en songeant à Mirza, la pauvre fille étouffa ses sanglots, et peu s'en fallut qu'elle ne s'évanouît. La servante n'avait pas le cœur stoïque de sa maîtresse; il faut lui pardonner, elle n'avait pas reçu une aussi forte éducation.

CHAPITRE XX

OU L'ON SERA BIEN AISE DE TROUVER ARLEQUIN ET GIROFLÉE.

Quand le prince-caniche revint à lui, il eut quelque peine à se reconnaître. Faible et tremblant, il était sur les genoux d'une femme qui lui épongeait le sang de ses blessures, tandis qu'un gros chien le réchauffait de son haleine et le léchait tendrement.

« C'est toi, mon vieil Arlequin? murmura Jacinthe.

— Moi-même, répondit le bouledogue. Ce soir, en rôdant le long du château, je t'ai trouvé par terre auprès d'une levrette écrasée. La ronde approchait; mort ou vif, on allait te jeter à la voirie; je t'ai emporté dans mes crocs, au risque de t'achever. Giroflée t'a reconnu, elle est venue à ton secours. Elle t'aime, cette fille-là.

— Ah ! mes bons amis, mes seuls amis, s'écria Jacinthe ! à quoi m'ont servi la puissance, l'esprit, la beauté ? On me hait, on me craint, on me trompe ; je ne trouve que des ingrats et des traîtres. Fatal présent des fées, je te maudis, je te rejette ; rien n'est beau que la bonté ! »

Et il se mit à pleurer.

Tout à coup Giroflée poussa un cri. Ce n'était plus un chien qu'elle avait sur les genoux, c'était un jeune homme habillé comme un prince, et beau comme le jour, malgré le sang qui l'éclaboussait. Une bégueule se fût levée, au risque de jeter le blessé par terre ; Giroflée était trop honnête femme pour avoir de ces peurs égoïstes, mais elle fut un peu surprise ; avouez qu'on le serait à moins.

« Bon Dieu ! qu'est-ce que vous faites là ? dit-elle à Jacinthe.

— Quoi, ma bonne Giroflée, tu ne me reconnais pas ? je suis Fidèle, le confident de tes secrets.

— Voulez-vous bien vous taire et vous lever ! s'écria la pauvre fille en rougissant. Que penserait-on de moi si on nous voyait ?

— On penserait que tu es une bonne fille, »

dit une voix argentine. Giroflée tourna la tête et vit une belle dame qui avait une baguette à la main. C'était la fée du jour; son regard était triomphant.

Elle prit de l'eau dans sa main, souffla trois fois dessus, et la jeta au visage du prince, qui, à l'instant même, se dressa sur ses pieds sans une égratignure, sans une tache de sang.

« Jacinthe, dit la fée, tes épreuves sont finies. Désormais tu n'as plus à craindre la sévérité de ma tendresse. L'expérience t'a appris ce qu'il y avait de perfide dans les présents de ma sœur : tu sais quel est le prix de la bonté ! Règne maintenant pour le bonheur de tes peuples, et n'oublie pas que chez les rois la bonté s'appelle la justice.

— Marraine, dit le prince, ne m'abandonnez pas.

— Mon enfant, dit la fée, tant que tu auras besoin de moi, je serai là. Chaque fois que tu m'appelleras, fussé je au bout du monde, je viendrai à ton secours; maintenant, songeons au plus pressé, retournons au château.

— Et mes amis, dit Jacinthe, regardant tour à tour Arlequin et Giroflée.

. . . .

— Pour Giroflée, je n'ai rien à faire, répondit la bonne marraine; elle aime, elle n'a pas besoin des fées pour être heureuse, charge-toi de sa fortune. Quant à toi, Arlequin, ajouta la fée, je t'accorde pour un moment le don de parler comme un homme; demande-moi ce que tu voudras.

— Mon bon Arlequin, dit le prince, viens avec moi, tu seras mon secrétaire, mon compagnon, mon ami. Préfères-tu une place, des honneurs, la richesse? parle, tout ce dont je dispose est à toi.

— Merci, freluquet, dit Arlequin, tu as un bon cœur, ça me fait plaisir; merci, madame la fée, vous avez pitié d'un vieux vagabond, on voit que vous n'êtes pas une femme ordinaire; mais je n'ai besoin de rien; je ne veux rien. Chien je suis né, chien je veux mourir. Moi, devenir un homme? Être méchant, faux, perfide, égoïste comme cette lâche engeance? Jamais.

— Tu ne m'aimes donc pas? dit tristement Jacinthe.

— Petit, reprit le bouledogue, tu es trop jeune pour me comprendre. Quand on est vieux comme moi, qu'on a été trompé comme moi, on est encore capable d'aimer, on est incapable de croire à l'affection d'autrui. Tu as seize ans, tu es beau, tu es bon, le monde t'appartient, va où la destinée t'appelle ; moi je n'ai plus rien à désirer ni à craindre, j'ai vu le fond de la vie, il ne me reste plus qu'à mourir. Je suis las d'aboyer après les chiens, que serait-ce donc s'il fallait aboyer après les hommes? ne m'envie pas le repos et la liberté, c'est mon seul bien. »

Le prince insista, ce fut peine perdue ; tout ce qu'il put obtenir de la fée, c'est qu'il continuerait à entendre le langage des chiens, et qu'il pourrait à l'occasion causer avec le vieil Arlequin.

« Adieu, ma bonne Giroflée, dit Jacinthe ; toi du moins tu ne me quitteras pas ; tu viendras au château. Avant une heure tu auras de mes nouvelles. Narcisse sait-il écrire ?

— Il écrit si bien, dit Giroflée, qu'il y a dix jours il m'a envoyé une longue lettre pour me confier ce que Votre Majesté lui a promis.

— Giroflée ! je t'y prends encore, dit Jacinthe, en la menaçant du doigt. Si tu as mon secret, j'ai le tien ; je compte sur toi, compte sur moi. »

Et il partit avec la fée.

Remontée dans l'atelier, Giroflée se promenait à grands pas; elle allait, elle venait, sans pouvoir s'arrêter.

« Est-ce un rêve, disait-elle? Quoi! ce beau prince, ce grand roi, car c'est un grand roi, je l'ai tenu sur mes genoux, et je lui ai dit : « Fidèle, donne-moi la patte? » Et je lui ai mis un ruban autour du cou, et je l'ai caressé, et je l'ai... Vraiment on lirait de pareilles choses dans un livre qu'on n'y croirait pas.

— Eh bien, ma fille, dit une grosse voix, le souper est-il prêt?

— Quel souper? dit Giroflée, tressaillant comme quelqu'un qui se réveille.

— Quel souper! dit Lapointe. Perds-tu la tête? ne sais-tu pas que ce soir j'attends notre ami Leloup? A force de travailler, tu en oublies l'heure de manger?

— Il s'agit bien de travail et de souper, s'écria Giroflée. J'épouse Narcisse, notre fortune est faite.

— Tais-toi, malheureuse! Es-tu folle? Entrez, monsieur Leloup, entrez.

— Entrez, monsieur Leloup, dit gaiement Giroflée, en faisant une belle révérence au gardien stupéfait. Monsieur Leloup, je suis votre servante, mais je ne serai jamais votre femme. Je suis madame Narcisse, mon mari et moi nous entrons au château ; chacun son tour, monsieur Leloup.

— Il paraît que M. Narcisse a de grandes protections ? dit le gardien d'un air narquois.

— Oui, nous avons un protecteur qui en vaut bien un autre. Vous le connaissez, monsieur Leloup ; c'est Fidèle, vous savez bien, Fidèle, le caniche qui s'est réfugié sous la guérite de Narcisse ?

— Bonté du ciel ! c'était un des chiens de la reine, dit Leloup, en se frappant le front.

— Vous l'avez deviné, s'écria Giroflée, riant aux éclats, c'est le favori de Sa Majesté.

— Ne croyez pas un mot de ces sottises, mon cher Leloup, dit le père Lapointe ; c'est une folle qui s'amuse à nos dépens. Je me moque pas mal de la reine et de son chien. Je l'ai fait tourner rudement dans cette roue, ce beau caniche à cinq pattes. Asseyez-vous, compère, et touchez là, vous aurez ma fille. En attendant, j'ai eu la bonne idée d'apporter un pâté et deux bouteilles de vin, nous ne jeûnerons pas.

— Soupez, mon père, et dites que je suis folle, cela n'empêchera pas que tout à l'heure M. Leloup m'ôtera son chapeau à deux mains et me dira : Mademoiselle de Girofla, je vous demande votre protection. »

Les deux amis haussèrent les épaules, et se mirent à table. Giroflée ne voulut point s'asseoir avec eux. Les yeux fixés sur le coucou, elle suivait avec anxiété chaque pas de l'aiguille.

« Mon père, vous n'entendez pas de bruit dans la rue?

— Non, personne n'y passe à cette heure.

— Mon père, n'est-ce pas un cheval qui s'arrête à la porte?

— Tais-toi donc, laisse-moi en repos. »

L'heure avançait; Giroflée ouvrit la fenêtre.

« Mon père, il me semble qu'Arlequin aboie.

— Finiras-tu? dit Lapointe, en se levant de table. Ma patience est à bout.

— Mon père, le chien aboie ; entendez-vous, entendez-vous? Il y a quelqu'un à la porte; attendez, monsieur le soldat, je descends. »

Leloup était en bas avant elle. Un dragon était là ; il demandait le sieur Lapointe et mademoiselle Giroflée; il avait une pancarte pour l'un et un paquet pour l'autre. Giroflée accourut, un verre à la main.

« Monsieur le militaire, on ne refuse pas un verre de vin.

— Non certes, dit le galant troupier, surtout quand il vient d'une si jolie main. »

Il essuya sa moustache, avala d'un trait, et regardant Giroflée :

« Ils étaient furieusement pressés au château, dit-il, car ils m'ont ordonné d'aller ventre à terre. Vous pouvez vous vanter d'avoir de fameuses connaissances, mademoiselle. Voulez-vous me signer mon reçu ? »

Le dragon parti, Giroflée remonta l'escalier quatre à quatre, tenant son précieux paquet. Lapointe tournait entre ses mains la pancarte ; Leloup ouvrait de grands yeux et regardait le cachet.

« Il n'y a pas à dire, monsieur Lapointe, ça vient du cabinet du roi, c'est écrit sur la cire, et d'ailleurs je connais ça, j'en ai porté chez plus d'un grand seigneur.

— Ça me fait un drôle d'effet, disait Lapointe ; ce papier me brûle les doigts. Voyons, Giroflée, puisque tu as la chance, lis-nous ce qu'il y a là-dedans. »

Giroflée baisa le cachet, et, pour ne pas le briser, déchira le papier tout autour; puis elle tira de l'enveloppe une grande lettre pliée en quatre, et lut ce qui suit :

« *Au sieur Lapointe, concierge de notre château royal.*

— Concierge, il y a concierge, s'écria le bonhomme. Vive le roi ! Tout ce qu'il voudra est à lui : ma fille, mon sang, ma vie. Leloup, mon ami, vous concevez que dans ma position, je retire la parole que je vous ai donnée ; mon devoir est d'obéir à mon maître. Le roi le veut. Vive le roi !

— Attendez donc avant d'être ingrat comme un grand seigneur, dit Leloup ; vous ne savez pas seulement ce que le roi vous demande. »

Giroflée continua :

« Amé et fidèle, nous avons appris que vous avez une fille aussi recommandable par sa bonté que par son esprit. Nous désirons la donner en mariage au sieur Narcisse, que nous avons nommé secrétaire de notre bureau des pétitions pour le récompenser de son dévouement à notre personne au moment d'un grand péril. Nous comptons que vous aurez quelque plaisir à faire notre volonté, et nous vous assurons, le cas échéant, de notre bienveillance royale.

« MOI, LE ROI. »

— Ma fille, s'écria Lapointe, viens m'embrasser. Es-tu heureuse d'avoir un père comme moi, un père à qui le roi écrit de sa propre main? Tu épouseras Narcisse, entends-tu? Je le veux, je l'ordonne. Embrasse-moi encore, je pleure comme un veau. Ah! Leloup, mon ami, qu'un père est heureux quand il a une fille aussi docile que la mienne!

— Et le paquet, vous ne l'ouvrez pas? » dit Leloup, qui se mordait les lèvres et fronçait le sourcil.

Sous un quadruple papier, cacheté et ficelé, Giroflée trouva une boite en ébène avec une petite clef d'argent. Dans la boîte il y avait une jolie somme en pièces d'or, le portrait de la reine, et une lettre ainsi conçue:

« Ma chère enfant, je sais tout ce que tu as fait pour notre Fidèle; il me tarde de t'embrasser. Fidèle t'envoie cet argent pour ton trousseau, je me charge de la dot.

« Ton amie,

« MOI, LA REINE. »

— C'était le chien de la reine! dit Leloup en s'arrachant une poignée de cheveux, j'ai été assez bête pour ne pas le deviner.

— Narcisse a été plus fin que vous, dit Lapointe ; j'ai toujours eu du goût pour ce garçon-là, il me ressemble.

— Oui, dit Leloup, vantez-vous, monsieur Lapointe, vous qui avez si bien traité le caniche à cinq pattes !

— Taisez-vous, malheureux ! s'écria le cloutier, n'oubliez pas que vous parlez à un fonctionnaire de l'État, à un des concierges de Sa Majesté.

— Vous aviez raison, mademoiselle Giroflée, dit tristement le gardien, je vous demande votre protection.

— Et je vous l'accorde volontiers, dit Giroflée qui ne pouvait détacher ses yeux du portrait de la reine ; je suis si heureuse que je voudrais que le monde entier fût en joie ; j'embrasserais le soleil et la lune.

— Je ne suis pas le soleil, mademoiselle Giroflée, mais si vous le permettez...

— Insolent! dit Lapointe.

— Mon père, dit Giroflée, ne parlez pas ainsi, vous feriez croire que la fortune nous tourne la tête. Monsieur Leloup, embrassez-moi, Narcisse n'en sera pas jaloux. »

Leloup l'embrassa sur les deux joues, et sortit en murmurant tout le long du chemin :

« Malheureux ! c'était le chien de la reine ! »

CHAPITRE XXI

ORESTE ET PYLADE.

Après une journée aussi remplie Jacinthe n'avait d'autre désir que de rentrer dans ses appartements et de reprendre possession de lui-même ; mais on n'est pas roi pour se reposer, surtout quand on a l'honneur de commander aux Gobemouches. Avec ce peuple théâtral la comédie dure toujours ; il ne peut souffrir les entr'actes. Un prince ne s'appartient point, on ne lui passe ni les plaisirs, ni le chagrin, ni la réflexion, ni la maladie ; mort ou vif, il faut qu'il joue son rôle jusqu'à ce qu'on l'enterre en cérémonie ; toujours monarque, jamais homme.

Quand Jacinthe et la reine entrèrent dans le bal, chacun fut frappé de leur attitude. La tête droite, les yeux brillants, l'air triomphant, la reine était rajeunie de vingt années. Son fils était vainqueur, et elle ne craignait plus pour lui. Au contraire, le prince avait un visage grave et sévère; il commençait à connaître les hommes, triste science qui agrandit l'esprit, mais qui brise le cœur.

Tamaris, belle et parée, s'approcha du jeune roi, et lui décocha un sourire qu'elle avait longtemps étudié devant son miroir. Jacinthe répondit par un salut silencieux, et se rapprocha de sa mère. La vicomtesse regarda fixement le prince, qui détournait les yeux ; elle marcha droit à lui. Elle était de ces femmes qui croient innocent tout ce qu'elles osent, et qui ne se doutent pas que ce qu'on appelle l'aisance des manières chez les grandes dames ressemble beaucoup à ce qu'on nomme l'impudence chez les petites gens.

« Sire, dit-elle, après les inquiétudes que nous avons éprouvées, Votre Majesté permettra-t-elle à une humble sujette de lui dire qu'elle joie nous ressentons aujourd'hui ? »

Ce fut la reine qui répondit.

« Mademoiselle, dit-elle avec une certaine hauteur, nous savons depuis longtemps quel est le dévouement de votre famille pour notre maison royale ; le comte de Touche-à-Tout et sa fille pourront toujours compter sur notre bienveillance et notre protection. »

Tamaris reçut de l'air le plus gracieux cette froide réponse, et salua en souriant. Rentrée dans la foule, elle porta son éventail devant sa bouche et se mordit les lèvres. Mais elle reprit bientôt sa sérénité, et ce fut avec une adorable nonchalance qu'elle arrêta au passage un petit marquis étranger, vingt fois millionnaire, qui promenait dans le bal son importance et sa nullité.

« Il paraît que ce soir on ne connaît plus ses amis, lui dit-elle, en faisant la moue la plus aimable. Je vous attends pour me donner le bras, et vous passez devant moi sans me regarder. »

Durant plus d'une heure le marquis promena la belle vicomtesse ; il lui adressa les compliments les plus vifs, les déclarations les plus tendres, les reproches les plus passionnés ; elle répondit à tout en souriant ; de tous ces discours elle n'avait pas écouté un mot. Trois fois elle avait passé auprès de Jacinthe, avec l'espoir d'éveiller en lui la jalousie, mais malgré ses éclats de voix et le jeu de son éventail, le prince ne l'avait pas même regardée. Furieuse, elle quitta brusquement le bras de son adorateur et pria son père de la ramener chez elle.

Une fois rentrée, la vicomtesse éclata.

« Le lâche ! s'écria-t-elle, il ne m'aime plus, et c'est sa mère qu'il charge de m'insulter. J'ai lu dans ses yeux, je ne lui suis pas même odieuse, je n'existe plus pour lui. Les hommes sont tous les mêmes ; bien folle est celle qui s'inquiète de ces ingrats. »

Le comte essaya de l'apaiser, en lui disant que les princes ont aussi leurs caprices, et que peut-être tout n'était pas perdu.

« Mon père, répondit Tamaris, résignez-vous à boire le calice jusqu'à la lie, si cela vous convient ; pour moi je quitte la cour, et de ma vie je n'y remettrai les pieds. Que le prince Charmant garde pour d'autres sa ridicule bienveillance, et que sa bonne femme de mère me fasse grâce de sa royale protection. Je ne supporte pas l'affront, moi, je ne suis pas ministre. »

Touche-à-Tout baissa la tête devant l'orage, mais, une fois seul, il rentra dans la salle du bal, et chercha des yeux son ami Pieborgne. Il l'aperçut dans un groupe, qu'il égayait de sa bonne humeur et de ses méchants propos.

« Cher collègue, lui dit-il, pourriez-vous m'accorder un moment d'entretien?

— Volontiers, dit l'avocat ; mais, entre nous, mon cher, vous vous échauffez trop pour les affaires publiques. Les ennuis viennent assez vite ; pourquoi ne pas jouir de la vie, quand elle est une fête, comme ce soir? »

Le comte ne répondit rien ; il conduisit l'avocat dans une pièce écartée, ferma la porte au verrou, et regardant Pieborgne entre les deux yeux :

« Vous souvenez-vous, lui dit-il, de la promesse que vous m'avez faite, il y a un mois à peine, quand le roi est parti pour la guerre?

— C'est un interrogatoire, dit l'avocat. De quoi suis-je accusé?

— Répondez sérieusement, je vous prie, dit Touche-à-Tout ; il y va de votre fortune et de la mienne.

— Vraiment? répondit Pieborgne. Eh bien! mon cher juge, je me rappelle parfaitement que pour garder ma place qui était entre vos mains, je vous ai promis d'être en tout et partout de votre avis.

— Et vous avez tenu parole ?

— Sans doute.

— Comment se fait-il donc que je vous trouve toujours avec le roi et contre moi ?

— Permettez, dit Pieborgne ; quand je vous ai promis d'être toujours de votre avis, j'ai compris que je vous soutiendrais contre tous les ministres présents et futurs ; c'était une ligue offensive et défensive que nous signions ensemble ; mais je n'ai jamais entendu que je me mettrais avec vous contre le roi. Cela, ce n'est pas seulement un pacte nul de soi, c'est un cas de haute trahison.

— Oui, dit le comte, vous autres avocats, vous avez toujours une loi qui vous dispense d'obéir à l'honneur.

— Déjà des gros mots ? reprit tranquillement Pieborgne ; à quoi bon ? Dites ce que vous voulez ; jouons cartes sur table.

— Je tenais à vous rappeler votre promesse, dit Touche-à-Tout ; dès que vous la niez, je n'ai rien à vous demander. Demain, je prierai le roi de choisir entre votre politique et la mienne.

— Vous voulez dire entre votre politique et la sienne, s'écria Pieborgne ; car, pour moi, vous savez que je n'ai nulle prétention de gouverner l'État. Je défends les idées du prince : c'est là ma seule ambition et mon seul mérite.

— Fort bien, monsieur, dit sèchement le comte ; continuez votre honorable ministère. Aujourd'hui, dites au peuple que le blanc est noir ; demain, changez de langage pour les besoins de la cause, et enseignez que le noir est blanc. Tant que vous serez au pouvoir, vous trouverez des mercenaires pour vous applaudir ; mais quand vous aurez faussé l'esprit public, quand vous aurez détruit tout amour de la vérité, tout sentiment de la justice, un jour viendra où vous apprendrez à vos dépens qu'on ne se joue pas impunément de la conscience humaine. Ce peuple que vous n'avez pas respecté vous méprisera à son tour. Son instinct lui dira qu'il y a quelque chose de plus honteux que la femme qui se vend, c'est l'homme qui prostitue son âme et qui fait du mensonge un métier.

— Pardieu ! vous me la baillez belle avec votre morale ! s'écria l'avocat, rouge comme un coq. De quel droit me parlez-vous sur ce ton, vous qui énervez ce peuple et qui l'abêtissez ? Quand je parle, moi, je provoque la réponse, je ne fuis pas le combat ; tout se passe au grand jour, les armes sont égales. Mais vous et vos agents, vous marchez dans l'ombre, éteignant toute lumière, étouffant toute voix, répandant autour de vous le silence et la mort. L'éloquence vous est suspecte, le talent vous gêne, l'indépendance vous fait peur. Vous avez contre vous tous les esprits éclairés, toutes les âmes généreuses ; vous le savez, aussi votre politique n'est-elle que l'étouffement. Pour rassurer votre médiocrité, il faut que la vie s'arrête, et que rien ne dépasse l'étroite mesure de votre ignorance et de vos préjugés. Un couvent ou une caserne, voilà votre idéal ! Encore si vous vous rendiez justice ! Mais à l'étroitesse de vos conceptions, vous associez l'ambition la plus ridicule, l'ambition de l'immobilité. Tout prévoir, tout savoir, tout régler, telle est la modeste prétention de cette église infaillible, qui ne souffre pas la discussion. Des gens qui seraient incapables de faire pousser un épi de blé s'attribuent le droit d'administrer l'intelligence, la conscience, l'activité, la fortune, la vie de tout un peuple. Ne rien faire et tout empêcher, c'est leur mission : ils n'y réussissent que trop, je l'avoue. Donnez-leur une nation mobile et confiante, en moins d'un siècle ils l'auront bercée, endormie et étouffée. La belle conquête ! et comme il vous appartient d'insulter à ceux qui parlent, vous les eunuques du sérail !

— Monsieur, s'écria le comte en se levant, savez-vous ce qu'on dit à un insolent ?

— Non, monsieur, mais je sais ce qu'on lui répond.

— Fort bien, monsieur, reprit Touche-à-Tout ; demain vous me rendrez raison de vos paroles.

— Comme il vous plaira, mon cher collègue, reprit Pieborgne en haussant les épaules. Si vous ne trouvez pas que nous sommes assez ridicules, battons-nous ; mais sachez qu'il est plus aisé de tuer un avocat que de le forcer à se taire. Sur ce, je suis votre serviteur. »

Le lendemain, cette conversation qui n'avait pas eu de témoins était la fable de la ville. Les Gobemouches prétendent que les femmes sont bavardes ; mais on assure qu'ils ont inventé cette calomnie pour faire croire qu'ils sont discrets. La vérité est que, lorsqu'un Gobemouche confie un secret d'État à son collègue ou à son voisin, le premier soin de chacun d'eux est de communiquer ce grand mystère à ses amis et connaissances en leur recommandant de n'en rien dire, ce qui fait que le soir même la nouvelle est dans tous les journaux. Ce peuple aimable est heureux de mépriser ceux qui le gouvernent; rien ne l'amuse autant que de connaître les faiblesses de ses ministres et les vices de ses grands hommes. S'il avait un roi vertueux, il ferait une révolution pour ne pas mourir d'ennui.

On ne s'en tenait pas au récit de la querelle qui avait éclaté entre les deux ministres, on ajoutait que devant le roi, la dispute s'était rallumée; le prince avait été forcé d'imposer silence aux deux conseillers qui lui manquaient de respect. Naturellement on attendait un démenti officiel pour confirmer la vérité de ces bruits; mais, à la surprise générale, on lut dans le journal du gouvernement que le comte de Touche-à-Tout avait donné sa démission, et que le chevalier de Pieborgne était appelé à d'autres fonctions. A cette nouvelle, les sages hochèrent la tête et dirent que la fin du monde approchait; les ambitieux coururent dans les salons, les oisifs bavardèrent, les boursiers perdirent la tête; il n'y avait pas à s'y tromper, on était à la veille d'un changement politique, grand sujet d'amusement pour les Gobemouches, qui n'aiment rien tant que les nouvelles pièces et les nouveaux acteurs.

CHAPITRE XXII

LA LANTERNE MAGIQUE.

En sortant du conseil, où Touche-à-Tout et Picborgne s'étaient mutuellement reproché de mener le roi et la monarchie à l'abîme, Jacinthe, fort soucieux, n'eut rien de plus pressé que d'appeler la fée à son secours. Dès qu'il l'aperçut :

« Marraine, s'écria-t-il, sauvez-moi, sauvez mon peuple ! Faites-nous une constitution.

— Mon enfant, dit la dame, tu me parles hébreu. Nous autres fées, qui sommes du bon vieux temps, il faut nous demander de protéger les petits princes et de marier les jeunes princesses. Que veux-tu que j'entende à la politique? Je ne m'occupe que de rendre les gens heureux.

— Marraine, si je ne trouve pas une constitution qui fasse le bonheur de mon peuple, je suis perdu !

— Mon enfant, veux-tu que je te mène dans le royaume des perroquets, où tout le monde parle pour ne rien dire? dans l'empire des oies, où chacun est fier de son esprit? dans le royaume des serins, où chacun s'enorgueillit d'être serin?

— Non, non, marraine, ce n'est pas cela qu'il me faut.

— Essayons d'autre chose, mon fils; voyons ce que nous pourrons faire. »

La fée ouvrit une fenêtre et appela une hirondelle qui chassait en l'air.

« Amie, lui dit-elle, es-tu heureuse?

— Oui, dit l'hirondelle avec son cri joyeux.

— Pourquoi es-tu heureuse?

— Parce que je suis libre, » répondit l'oiseau. Et il partit comme le vent.

La fée regarda une seconde fois par la fenêtre et appela une abeille qui butinait son miel sur un chèvrefeuille.

« Amie, lui dit-elle, es-tu heureuse?

— Oui, répondit la bestiole en bourdonnant.

— Pourquoi es-tu heureuse?

— Parce que je travaille du matin au soir.

— Qui règle ton travail? demanda Jacinthe.

— Moi-même, répondit l'abeille; ai-je besoin

d'un maître pour suivre la loi que Dieu m'a donnée? » Disant ceci, elle s'envola.

« Donne-moi la main, » dit la fée à Jacinthe.

En un clin d'œil, ils se trouvèrent au milieu des champs.

Il y avait là un troupeau de moutons, gardé par un berger qui dormait, et un chien qui veillait.

« Es-tu heureux ! demanda la fée à un gros mouton qui tondait l'herbe à pleines dents.

— Comment le serais-je? répondit l'animal à longue laine. Soir et matin on me mord, on me bat ; demain on me tondra ou on m'enverra à la boucherie. Pour être heureux. il faut s'appartenir.

— Et cependant, dit Jacinthe, tu broutes, tu engraisses et tu dors?

— Mon sort est d'être mangé par les loups ou par les hommes, dit le mouton ; le plus sage est de n'y pas songer. »

Il enfonça sa tête dans l'herbage et se remit à paître de plus belle, pour rattraper le temps perdu.

« Mon enfant, dit la fée, il me semble que notre œuvre avance. Être libre, travailler, s'appartenir, voilà ce qui fait le bonheur; mets cela dans ta constitution.

— Marraine, dit Jacinthe, la liberté fait le bonheur des brutes, mais les hommes qui sont doués de raison ne peuvent pas être heureux à si bon marché.

— C'est-à-dire, reprit la fée, qu'avec tout leur esprit, ils sont plus bêtes que les bêtes.

— Marraine, dit Jacinthe, il me faudrait consulter quelque sage de l'ancien temps. Ah! si je pouvais voir Aristote!

— Mon compère Aristote ne refusera pas de venir, dit la fée, traçant des cercles en l'air. Je le connais de longue date ; les fabliaux nous ont appris ses fredaines.

— Marraine, c'est un philosophe!

— Pour être philosophe, mon enfant, on n'en est pas moins homme; les plus grands clercs ne sont pas les plus sages. »

Tandis qu'elle parlait, il sortait de terre une vapeur qui, peu à peu, prit une forme humaine. Jacinthe vit tout à coup devant lui un homme de grande taille et de figure agréable, qui portait avec élégance le costume grec.

« Bonjour, chère sœur, dit le philosophe en

baisant la main de la fée. J'étais à cent lieues d'ici, occuper à taquiner le beau Platon, qui rêve toujours; j'ai entendu votre appel, me voici; qu'y a-t-il pour votre service?

— Compère, dit la fée, voici un jeune roi qui vous demande une constitution pour ses peuples.

— A quoi bon? dit Aristote. S'il est le plus beau, le plus fort, le plus savant, le plus sage et le plus habile, s'il a toujours raison, s'il ne se trompe jamais, qu'il gouverne seul. A ces signes certains, chacun le reconnaîtra pour chef et pour roi; sinon, qu'il laisse ses peuples se gouverner eux-mêmes, et qu'il n'ait pas le prétention de conduire ceux qui valent mieux que lui.

— Seigneur Aristote, dit Jacinthe, la chose n'est pas aussi simple que vous le croyez. Mes sujets me chargent de faire leur bonheur, et je ne sais comment m'y prendre.

— Sont-ce des Barbares ou des Grecs? demanda le philosophe.

— Ni l'un, ni l'autre, répondit le prince; ce sont des Gobemouches.

— Jeune homme, tu ne me comprends pas, reprit Aristote; il n'y a dans ce monde que deux races politiques : l'une faite pour obéir, ce sont les Barbares ; l'autre faite pour se gouverner elle-même, ce sont les Grecs, ou, sous un autre nom, les peuples civilisés.

— A quoi les reconnaît-on ? demanda la fée.

— Chez les Barbares, dit le philosophe, c'est l'homme qui commande ; chez les peuples civisés, c'est la loi. Les premiers sont soumis comme des esclaves au caprice d'un maître ; les seconds n'obéissent qu'aux lois qu'ils ont faites eux-mêmes.

— Hélas ! s'écria Jacinthe, j'ai grand peur que les Gobemouches ne soient des Barbares ; car assurément ils ne se gouvernent pas eux-mêmes, et chez eux les hommes ont plus d'autorité que les lois.

— Chaque citoyen est-il soldat ? demanda Aristote.

— Non, il y a une armée permanente.

— Ce sont des Barbares, dit le philosophe. Nomment-ils leurs magistrats par le suffrage populaire et pour un temps limité ?

— Non, dit Jacinte.

— Deux fois Barbares, reprit le philosophe. Jugent-ils eux-mêmes les procès criminels ?

— Non, dit Jacinthe.

— Trois fois Barbares, reprit le philosophe. Se réunissent-ils librement pour s'occuper des affaires publiques? Ont-ils le droit de critiquer chaque matin les actes de tous leurs magistrats?

— Pas toujours, dit Jacinthe.

— Quatre fois Barbares, reprit le philosophe. Y a-t-il une éducation générale qui fasse pâlir toute distinction de fortune et de naissance?

— Non, dit Jacinthe.

— Pourquoi donc me déranges-tu, jeune homme? dit le sage en fronçant le sourcil. Gouverne à la façon du grand roi des Perses ; conduis sous ta houlette ce troupeau bêlant ; construis des palais, fais la guerre, livre-toi à toutes les passions de ton cœur, mais ne t'inquiète pas de gouverner des hommes : il n'y en a point dans ton empire. »

Disant cela il s'évanouit dans les airs comme une fumée qu'emporte et dissipe le vent.

« Marraine, dit le prince, j'ai eu tort de vous faire évoquer ce Grec; il n'entend rien aux conditions de la vie moderne; me voilà plus triste qu'avant de l'avoir consulté.

— Attends, mon fils, dit la fée. J'aperçois là-bas une vieille connaissance qui fera mieux ton affaire. Holà, cria-t-elle, seigneur Ahasvérus, venez un peu par ici; nous avons besoin de votre expérience et de vos conseils. »

A l'appel de la fée accourut un vieillard en haillons qui tenait un grand bâton à la main. Son costume n'était d'aucun pays. Sa face jaunie était sillonnée de rides profondes, sa barbe blanche lui couvrait la poitrine, ses yeux brillaient comme des charbons ardents. C'était le Juif errant. Jacinthe reconnut de suite ce personnage célèbre dont le portrait est partout.

« Marchons, dit l'étranger, je ne puis m'arrêter; nous causerons en route; que voulez-vous?

— Seigneur Ahasvérus, dit Jacinthe, vous qui avez vu tant de choses, dites-moi quels sont les peuples les plus heureux?

— Je n'en sais rien, répondit le vieillard. A un malheureux comme moi, qu'importe le bonheur d'autrui? Mais, si tu veux, je te dirai comment les peuples vivent et comment ils meurent, j'en ai tant vu naître, grandir et disparaître!

— Parlez, mon père, dit Jacinthe, je vous écoute.

— Mon fils, reprit Ahasvérus, une seule chose

fait la grandeur des peuples, la liberté ; une seule chose les tue, l'administration. Écoute et retiens mes enseignements.

« Quand je sortis de Jérusalem, condamné au supplice d'une marche éternelle, je laissai derrière moi une poignée de Juifs, disciples de celui que, dans ma folie, j'avais outragé. C'était là toute l'Église chrétienne. Je courus à Rome, la maîtresse de l'univers ; j'y admirai la majesté de ces empereurs païens qui tenaient le monde dans leurs mains. Tout leur appartenait, l'espace et le temps ; il n'y avait pas un Romain qui ne comptât sur l'éternité de la grandeur romaine ; les vaincus ne pensaient pas autrement que les vainqueurs.

« Ce fut sous le règne de Commode que je revins dans la Ville éternelle. Quel changement s'était fait en un siècle et demi ! Trajan, Adrien, Antonin, Marc Aurèle, ces grands administrateurs, ces princes paternels, avaient couvert le monde de routes et de monuments ; ils n'avaient fait que précipiter la décadence. L'empire s'effondrait par la perfection même de son régime ; ceux qui gouvernaient et qu'on payait étaient plus nombreux que ceux qui payaient et qu'on gouvernait. Aussi n'avait-on plus affaire qu'à un peuple affamé, languissant, mourant. Ce qui vivait, c'étaient ces chrétiens qu'on persécutait et qui grandissaient par la liberté. Ce qui vivait, c'étaient ces peuplades du Rhin longtemps méprisées et qui maintenant se jetaient sur l'empire comme une meute sur un cerf aux abois.

« Je voulus voir ces barbares. Tatoués, nus ou à demi couverts de peaux de bêtes, ils étaient horribles; ils passaient la journée à boire, à jouer, à dormir dans leurs tanières enfumées; ils puaient l'ail et le suif; mais ces sauvages n'avaient pas de maître; chaque famille se gouvernait elle-même, chaque bande élisait son chef, chaque Germain se battait pour sa tribu, c'en était assez pour rendre ces peuples indomptables. Rome eut beau leur opposer son or et ses mercenaires, ils dévorèrent l'empire lambeau par lambeau.

« Je m'enfuis en Orient, je vins en Chine, je vis comment un gouvernement paternel réduit les peuples à l'état de troupeau. Étouffer toute vie publique, détruire tout intérêt commun, favoriser tous les appétits, encourager l'égoïsme, c'est la politique chinoise; elle a fait un peuple sans patrie et un empire sans citoyens. Las de cette civilisation abâtardie, je passai en Amérique, longtemps avant qu'un Européen soupçonnât l'existence de ce vaste continent. Au Mexique, au Pérou, je trouvai de grandes monarchies et des peuples esclaves; c'était la Chine sous un autre nom.

« Quand la fatalité me ramena en Europe, les croisades étaient passées; chrétiens et Germains avaient achevé leur œuvre. La campagne était partagée en une multitude de domaines souverains. Les villes, entourées de murailles, se gouvernaient et se défendaient elles-mêmes. L'Église, l'Université, formaient des corporations puissantes et respectées. A la surface, tout était inégalité et confusion; au fond, malgré des violences et des crimes sans nombre, la liberté agissait comme un ferment généreux, les peuples vivaient. Gênes et Venise couvraient la mer de leurs vaisseaux et construisaient leurs palais, leurs galeries, leurs églises; Florence renouvelait Athènes; la Flandre élevait ses beffrois et la Normandie ses cathédrales. L'Université de Paris était un foyer de lumières. Toute l'Europe accourait pour écouter ces professeurs dont rien ne gênait la hardiesse ; l'Église, toujours sur la brèche, parlait, écrivait, enseignait. C'est elle qui défendait les peuples contre la tyrannie des grands. Partout l'art, la poésie, la science, la richesse, naissaient avec la liberté. J'admirais cette floraison du monde moderne quand une main impitoyable m'envoya dans l'Inde. J'y retrouvai l'éternelle décrépitude de ces peuples d'Orient, qu'un despotisme héréditaire condamne à rêver et à servir.

« Louis XIV était à l'apogée de sa puissance quand je fus rejeté en Europe. Partout s'étaient établies de grandes monarchies, de vastes administrations. Je me retrouvais en Orient. Des princes trompés, des gouverneurs insolents, des peuples muets, de grands travaux publics, de lourds impôts, de nombreuses armées : c'était le spectacle même que je venais de quitter en Asie. Partout le luxe des cours et la misère des campagnes, partout le silence imposé et la pensée poursuivie. L'Allemagne endormie, l'Italie mourante, l'Espagne morte, la France épuisée. Il n'y avait de vivant que deux nations, l'Angleterre, qui venait de chasser un roi ; la Hollande, qui, au fond de ses marais, avait ouvert un asile aux proscrits de toutes les Églises et de tous les pays. Durant un demi-siècle, j'errai au milieu de l'Europe; puis le sort me poussa dans les forêts du Nord de l'Amérique. Là j'ai vu recommencer la vie. Des bannis, des exilés volontaires, oubliés ou méprisés par la métropole, avaient fondé dans les bois de petites sociétés qui se gouvernaient elles-mêmes, sans roi, sans clergé, sans noblesse. Chaque citoyen y était tour à tour soldat, juge, magistrat. C'était une nouvelle civilisation en train d'éclore, je ne pouvais m'y tromper.

« Telle est, mon fils, l'histoire du monde. C'est par la liberté que commencent les peuples, c'est par l'administration qu'ils finissent. Au début, ils ont toute l'exubérance, tout le désordre, mais aussi toute la générosité et toute la vitalité de la jeunesse; plus tard ils deviennent craintifs, calculateurs et égoïstes comme des vieillards. Tout bruit leur fait peur, même celui de la pensée; tout mouvement les effraye, le froid les gagne, la mort approche. Vienne une guerre, leur empire s'effondre, la puissance leur échappe et passe entre les mains de ceux qui ont foi dans l'avenir.

« Adieu, mon fils, tu as mon secret, fais-en ton profit. »

Sans attendre de remerciements, le Juif s'éloigna à grands pas. Jacinthe se retourna pour demander conseil à la fée; elle bâillait comme un poisson.

« Enfin, s'écria-t-elle, ce vieux fou en a fini avec son radotage. Faut-il tant de discours pour prouver que les hommes n'ont pas plus de cervelle que les alouettes, et qu'avec le même miroir on attrape les plus niais comme les plus huppés? Donne-moi la main, mon enfant, j'ai un rendez-vous avec mes sœurs dans les montagnes de la lune, je t'emmènerai avec moi. »

En un instant Jacinthe vit les arbres, les maisons, les montagnes s'enfoncer rapidement, puis il plana dans les airs et aperçut enfin l'immense plateau de l'Afrique qui semblait sortir du sein des mers.

« Tiens, dit la fée, en prenant pied non loin du cap Palmas, puisque tu aimes les expériences politiques, reste là, je te prendrai à mon retour. »

Disant cela, la fée s'envola, laissant Jacinthe ébahi. Le prince regarda autour de lui. Il était dans une petite ville bâtie régulièrement et percée de larges rues, mais tous les habitants étaient noirs. Sa figure étrangère attirait sur lui tous les yeux; les femmes le montraient du doigt, les enfants fuyaient à sa vue, les chiens aboyaient après lui.

Jacinthe s'approcha d'un nègre crépu qui rangeait des bariques d'huile dans un grand magasin; il lui demanda où il était. Quoique un peu surpris de la question, le marchand répondit civilement et en bon anglais que la ville s'appelait Monrovia et qu'elle était la capitale de l'État de Libéria.

« Tels que vous nous voyez, ajouta-t-il, nous sommes tous d'anciens esclaves venus ici des États-Unis pour y vivre en liberté. Avec l'aide de Dieu nous espérons fonder une république qui, par le nombre et la richesse de ses habitants, éclipsera quelque jour l'Europe et l'Amérique. La race blanche est depuis longtemps maîtresse du monde; la race noire réclame aujourd'hui sa part d'héritage. Elle l'obtiendra : l'Afrique lui appartient.

— Votre peuple est-il nombreux? demanda Jacinthe.

— Nous ne sommes que vingt-cinq mille *civilisés*, répondit le noir, mais nous apportons avec nous un talisman qui nous permettra de conquérir pacifiquement toute l'Afrique et de l'élever au niveau de l'Europe.

— Quel est ce talisman?

— C'est la liberté américaine, dit le nègre.

— Pourquoi ne dites-vous pas la liberté tout simplement?

— Parce qu'il y a deux espèces de liberté, répondit le noir, l'une qui est un mot, l'autre qui est une chose. La première n'est qu'un cri de guerre et de révolution qui bouleverse le vieux continent; la seconde est un ensemble d'institutions qui fait la grandeur de l'individu et la prospérité des nations. Celle-là, nous l'avons apportée d'Amérique avec nous, c'est le germe que nous avons planté; nos enfants lui devront la richesse et le bonheur.

— Quelles sont ces institutions?

— Il y en a sept : l'Église libre, l'école libre, la presse libre, la banque libre, la commune libre, la milice et le jury. Dès qu'un navire débarque, on laisse les émigrants choisir le terrain qui leur plaît; une fois établis sur le sol, et dès la première année de culture, ils fondent des écoles pour instruire leurs enfants, des églises pour prier Dieu, des journaux pour éclairer tout le monde, des banques pour faciliter le travail et les échanges. Voilà le noyau formé, la commune existe; c'est une république, parfaite en soi, qui s'administre librement par le concours de tous les citoyens, et si quelque danger la menace au dedans ou au dehors, chacun de nous est juré pour la défendre, soldat pour la protéger. Voilà notre liberté, étranger. Est-ce ainsi qu'on l'entend dans votre pays?

— Je vois que vous connaissez votre Aristote, dit Jacinthe.

— Aristote! dit le nègre, roulant ses gros yeux blancs et se grattant le front, c'est un nom inconnu sur notre place; c'est sans doute quelque maison nouvelle qui n'a pas grand crédit.

— Mon ami, répondit le prince, rougissant de tant d'ignorance, Aristote est un grand philosophe grec qui a dit, il y a près de deux mille ans, que le citoyen devait être tour à tour soldat, juré, administrateur, et que la franchise de la parole et l'éducation commune étaient deux conditions essentielles de la liberté et de la civilisation.

— M'est avis, dit l'Africain, qu'il n'est pas besoin d'être un grand philosophe pour voir des choses aussi claires que le soleil en plein midi. Passez huit jours à Monrovia, il n'est pas un enfant de nos écoles qui, sur ce point, ne vous en dise aussi long que votre Grec.

— Et vous espérez, reprit Jacinthe, que ce germe américain, le produit le plus pur de la civilisation la plus avancée, lèvera au milieu de votre barbarie?

— La chose est faite, répondit le noir.

— Permettez-moi d'en douter; la liberté est une question de race.

— C'est une question d'éducation, dit le nègre. Depuis que, sur notre souche noire, nous avons greffé l'esprit américain, nous nous sentons tout aussi capables de nous gouverner nous-mêmes que ces milliers d'Irlandais et d'Allemands qui, chaque année, émigrent aux États-Unis et s'y transforment comme nous. En trois générations, nous serons maîtres de la vallée du Niger; le reste n'est plus qu'une question de temps.

— C'est un rêve brillant, dit Jacinthe; mais il est trop beau pour être vrai.

— Voilà un doute qui prouve que vous êtes du vieux continent, répondit le nègre. Êtes-vous comme nos voisins du Sénégal, qui s'imaginent coloniser quand ils envoient des généraux pour faire la guerre aux noirs, et des préfets pour régenter et entraver les blancs? Ce n'est pas ainsi que nous agissons. Nos instruments de conquête sont la paix, la liberté et le travail. Chez nous la commune est comme un polypier: en grandissant, elle pousse un bourgeon, une nouvelle commune qui s'ajoute à la première, tout en vivant de sa propre vie. A son tour, ce bourgeon produit une cellule nouvelle qui ne sera pas moins féconde. L'œuvre ne s'arrête jamais. C'est ainsi que, silencieusement, peu à peu, par un travail latent et irrésistible, notre peuple grandit, couvre le sol, absorbe et transforme la barbarie. Déjà plus de cent mille noirs, venus de l'intérieur, sont entrés dans nos écoles pour y prendre nos idées et nos mœurs. De ces chasseurs ignorants et cruels nous avons fait des fermiers, des ouvriers, des citoyens. L'avenir est à nous; la commune changera la face de l'Afrique, et le jour n'est pas loin où, prenant rang parmi les nations civilisées, nous ne ferons plus qu'un peuple et qu'une république.

— Si vous ne vous brisez pas en mille morceaux, dit Jacinthe.

— Encore une erreur du vieux monde, dit tranquillement le noir. Dans ces monarchies créées par la force et militairement gouvernées, tout est dans la main d'un homme, et la main d'un homme ne peut tout contenir : la grandeur de l'empire fait la faiblesse du prince. Mais chez nous, où l'État n'est qu'une fédération de petites républiques, vivant chacune de sa propre vie, l'étendue de l'empire n'est qu'une plus grande garantie de la paix et de la liberté communes. Où se ferait la rupture? Le centre est partout, la circonférence nulle part. Ne sentez-vous pas qu'un nouvel esprit gouverne les choses et les hommes? L'Amérique dans sa fleur, l'Australie qui vient d'éclore, l'Afrique dans son premier germe, ne vous disent-elles pas qu'aujourd'hui ce sont des continents entiers qui arrivent à la vie politique, et que la vieille Europe, divisée, régentée, va bientôt entrer dans l'histoire comme l'antique Orient et ne sera plus que le débris d'une civilisation évanouie?

— Je ne crois pas cela, dit Jacinthe un peu ému de la prédiction.

— Il en sera pourtant ainsi, répondit le nègre, à moins que l'Europe ne nous emprunte notre liberté américaine et ne change l'esprit de ses enfants. Pardon, étranger, ajouta-t-il, voici le soleil qui baisse, il faut que j'aille au comité d'écoles, au comité militaire et à la réunion de la banque ; excusez-moi si je vous quitte.

— Vous êtes un des grands fonctionnaires de ce pays? dit Jacinthe.

— Non, dit le nègre en souriant, je suis tout bonnement marchand d'huiles et citoyen de Libéria. »

En attendant le retour de la fée, Jacinthe se promena dans les rues de Monrovia ; il visita le port, les magasins, les églises, les écoles, les bibliothèques. A sa grande surprise, il s'aperçut que les nègres n'étaient pas des Gobemouches et n'en valaient pas moins pour cela.

Une fois rentré dans son palais :

« Marraine, dit-il à la fée, je tiens ma constitution, et je crois que, grâce à vous, je pourrai faire le bonheur de mon peuple.

— Tant mieux, mon cher enfant, reprit la bonne fée. Maintenant embrasse-moi et disons-nous adieu. Tu ne me verras plus. Où commence la raison finit mon empire. Tu as reçu en partage l'esprit, la force et la beauté ; l'expérience t'a appris à y joindre la justice et la bonté : te voilà un homme ; marche courageusement devant toi, tu subiras plus d'une épreuve. Les peuples sont comme les enfants, qui crient quand on les débarbouille. Mais tu auras pour toi ta conscience et le sentiment du devoir rempli ; cela vaut mieux que ces applaudissements qu'une foule banale ou gagée jette à tous les princes, vain murmure qu'emporte le vent. C'est de toi seul, désormais, que dépend ton bonheur et ta gloire ; tu n'as plus besoin de moi, adieu. »

Jacinthe embrassa la fée en pleurant et courut s'enfermer dans son cabinet. Dès le soir même, il rédigea une constitution en douze articles qui (j'en demande pardon à cet illustre prince) n'était autre chose que la charte de Libéria. Au fond, c'était la quarantième édition de cette constitution des États-Unis, qui fait le tour du nouveau monde et qui arrivera quelque jour en Europe, quand elle aura régénéré les Chinois.

A sa constitution Jacinthe joignit un décret qui changeait le sceau de l'État. La vieille devise : *Tout pour moi, tout par moi*, était remplacée par les mots : *Vivre et laisser vivre*, termes mystérieux et faits pour étonner les Gobemouches, à qui l'on n'a jamais rien dit de pareil.

Quand *la Vérité officielle* publia ces deux pièces, ce fut une agitation et une rumeur incroyables. La constitution eut un grand succès. Toute nouveauté charme ce peuple aimable; c'est une occasion de ne rien faire. On prononça des discours, on illumina, on chanta, on cria. « Le prince, disait-on, est le père du peuple ; il a deviné ce que tous ses enfants avaient dans le cœur. » Jacinthe fut médiocrement ému de cet enthousiasme universel ; il savait déjà qu'avec les Gobemouches il n'y a pas de bonne fête sans lendemain.

CHAPITRE XXIII

LA PRESSE CHEZ LES GOBEMOUCHES.

Ici s'arrête le onze cent trente-troisième volume des *Annales Gobemouchorum*, vaste et scientifique collection qui, à elle seule, emplit la section historique de toutes les grandes bibliothèques. Pour achever mon récit, j'en suis réduit à des fragments de journaux et à quelques lettres particulières. Parlons d'abord des journaux, ou plutôt laissons-les parler.

Voici d'abord quelques extraits pris au hasard dans *la Modération*. C'est le journal favori des Gobemouches, car c'est celui qui fait la plus vive opposition :

« CITOYENS, GARDE A VOUS !

« La situation est déplorable ; le pays est trahi et marche à sa ruine. Sous la sage et ferme administration du comte de Touche-à-Tout, les Gobemouches étaient la terreur de leurs voisins, l'envie de toutes les nations de l'univers. Au dehors, notre armée faisait trembler la terre; au dedans, les Gobemouches vivaient heureux et fiers sous la tutelle de leur grand gouvernement. Des ministres habiles les débarrassaient de ces soucis journaliers qui maintenant les écrasent. Il n'y a plus de repos pour ce malheureux peuple, qu'on accable du soin de ses propres affaires. La garde nationale, l'église, l'école, la commune, le jury, les sociétés d'enseignement ou de bienfaisance, les lectures publiques, les bibliothèques populaires, nous prennent tous nos loisirs. Il ne nous est plus permis de nous amuser; nous sommes les esclaves de la liberté!

« Les femmes mêmes, ces gracieuses créatures dont la nonchalance est le plus grand charme, sont transformées et défigurées par le régime odieux qu'on nous impose. Les toilettes, les promenades au bois, les équipages, l'opéra, le turf, les jockeys, les petits scandales de la cour et de la ville, ces mille riens qui font l'amusement d'une vie élégante, ne sont plus l'objet de leurs aimables causeries; elles parlent religion, charité, écoles, politique : ce sont des hommes. Si on les laisse faire, la plus belle moitié du genre humain en sera bientôt la plus ennuyeuse et la plus triste. On ne voit pas pourquoi on n'en ferait pas des électeurs : nous y viendrons. En attendant, le luxe s'éteint, le goût s'altère, les arts deviennent sérieux, c'est une décadence universelle.

« Voilà où nous ont conduits les imaginations chimériques d'un enfant ! Voilà où nous a réduits le servilisme de ministres fainéants qui, pour plaire au maître, ne craignent pas de ruiner notre administration nationale, d'anéantir cette prodigieuse centralisation qui faisait la gloire et la joie de nos pères. Aujourd'hui, chacun fait ce qu'il veut, c'est la tyrannie individuelle poussée à ses dernières limites. Indifférence, impuissance et lâcheté, voilà les vertus à la mode en haut lieu ; nos ministres sont la honte et le rebut de la civilisation ; l'étranger s'en moque, les bons citoyens les exècrent, tous les honnêtes gens les méprisent.

« Ah ! si nous avions la liberté de la presse ! Mais, en reconnaissant à chaque Gobemouche le droit de fonder un journal, les perfides ont bien su ce qu'ils faisaient. Sous prétexte d'affranchir la presse, ils l'ont asservie. Autrefois, la simple nouvelle de l'indisposition du comte de Touche-à-Tout suffisait pour inquiéter le pays tout entier; aujourd'hui, nous avons beau crier à l'incapacité et à la trahison des ministres, personne ne nous écoute. Chacun s'occupe de son école et de sa commune ; personne ne s'inquiète d'un gouvernement dont il n'a plus rien à craindre ni rien à espérer. C'en est fait de la grande nation, il n'y a plus de Gobemouches !

« AD. COULEUR. »

Dans le même numéro, on lit un peu plus loin :

« Il y aura cette année un excédant de recettes considérable ; on l'évalue à plus de cent millions. On dit que l'intention des ministres est d'employer cette somme à diminuer les droits de mutation et d'enregistrement. C'est bien là ce qu'on appelle courir après une fausse et misérable popularité. Autrefois, on eût employé cette somme à augmenter notre armée nationale ; mais toutes les traditions d'honneur sont perdues ; on a fait de nous un peuple de boutiquiers.

....

« Des ministres sans pudeur osent se glorifier de cet accroissement de revenus. « C'est, disent-« ils, une preuve que la richesse grandit avec la li-« berté. » Mais qui trompe-t-on ici? Ne sait-on pas que les dépenses des citoyens augmentent dans une proportion effrayante depuis que l'État laisse tout à leur charge? On assure que cette année on leur a fait donner volontairement plus de deux cents millions pour les écoles; encore un peu de temps, le budget de l'instruction populaire montera plus haut que notre ancien budget de la guerre. Le jour où l'on voudra se battre, où trouvera-t-on de l'argent? Vienne un homme d'État chez les Cocqsigrues, vienne un de ces grands politiques qui mènent les peuples à la victoire et à la gloire, que deviendrons-nous? On dit que nos arsenaux sont pleins et qu'une armée régulière de deux cent mille hommes offre des cadres suffisants pour contenir nos braves gardes nationaux. On répète qu'il n'est pas un citoyen qui n'ait l'habitude des armes ; mais, si cela est bon pour défendre un pays, que d'ailleurs personne ne menace, est-ce ainsi que nous imposerons nos idées au monde et qu'il ne se tirera plus un coup de canon sur la terre sans notre permission ? Un seul mot résume la situation : AVILISSEMENT, AVILISSEMENT, AVILISSEMENT !

« AD. COULEUR. »

« *P. S.* Deux mots à l'adresse de certains journaux qui ne vivent que de scandale. On ose dire que le nom de notre rédacteur en chef ne lui appartient pas ; on croit reconnaître, sous ce prétendu pseudonyme, le nom d'un sieur La Douceur, qu'on ne rougit pas d'appeler l'*ancien gardien des chiens perdus*. On assure que nous faisons de l'opposition pour le compte d'un grand personnage qui veut renverser le gouvernement depuis qu'il n'en est plus le maître. Nous dédaignons ces plates injures et nous n'y répondons que par le mépris. Nous nous glorifions d'avoir servi comme un humble soldat sous le drapeau administratif de l'illustre comte de Touche-à-Tout. Quant à l'ambition que l'on prête à ce grand homme, il n'en a qu'une : c'est de tirer les Gobemouches de l'abîme où les précipite la folie de quelques rêveurs. Qu'y a-t-il d'étonnant qu'un patriotisme aussi pur fasse du comte de Touche-à-Tout le chef de l'opposition ? »

....

Extrait du journal *le Conservateur*.

« On nous écrit de Borneville :

« Hier ont eu lieu les obsèques de notre éminent concitoyen le baron Géronte Pleurard. Sa mort a été subite. Les médecins disent qu'il a été foudroyé par une attaque d'apoplexie ; des journaux qui ne respectent rien ont parlé d'indigestion ; la vérité est que notre illustre compatriote a succombé à la maladie qu'un peuple étranger a si justement nommée *le cœur brisé*. Les réformes téméraires qu'on essaye en ce moment terrifiaient l'honorable baron, et comme l'a dit éloquemment sur sa tombe l'adjoint au maire de Borneville, « il n'avait pu voir sans effroi qu'on « coupât l'ancre de salut et qu'on lançât le vais- « seau de l'État sur des océans sans rivages. » Tous les honnêtes gens tremblent comme lui.

« Issu d'une famille de robe, nourri par une mère qui, en véritable Romaine, n'a jamais su autre chose que filer sa quenouille et rester au logis, le baron Pleurard avait reçu en naissant les solides principes qu'il a défendus jusqu'à son dernier jour. Il est resté fidèle à l'antique devise de sa maison : *Nova antiqua*, ou *le neuf c'est le vieux*. A l'exemple de ses illustres maîtres, il a toujours professé que *le progrès, c'est la révolution*. Imbu des saines doctrines, il aimait à répéter qu'à l'origine du monde, nos premiers pères savaient tout sans avoir rien appris ; que, depuis soixante siècles, la science et la vérité ont toujours été en diminuant, et que le vrai moyen de marcher dans la voie de la civilisation, c'est de retourner en arrière. « Plus on reculera, disait-« il, plus on avancera. Pour trouver une onde « pure, c'est à la source qu'il faut remonter, au « lieu de suivre le fleuve dans ces longs détours « où il se charge de détritus corrompus et cor-« rupteurs. »

« Honorer les grands hommes est le devoir de tous les citoyens. Mais Borneville est pauvre ; c'est un gros bourg habité par de bons paysans qui ne savent ni lire ni écrire, et qui ont toujours dédaigné le commerce et l'industrie ; espérons qu'une souscription nationale nous permettra d'élever une statue au baron Pleurard. Déjà le projet en a été dressé par un homme de talent. On se propose de construire, en guise de piédestal, une fontaine qui fait grande faute au pays. On y gravera les paroles mémorables de notre vénérable compatriote : ce sera une leçon pour un peuple insouciant et léger, un encouragement pour les esprits robustes qui ne cèdent pas au vain mirage d'un progrès fallacieux.

« Au milieu du marché le monument fera un effet admirable. Au fond est la caserne, à droite la prison, à gauche l'hôpital. N'est-ce pas la place même qu'aurait choisie l'homme qui, avec tant de courage et de talent, défendait l'antique civilisation contre la barbarie des novateurs? »

Citons encore un récent article de *la Modération*, qui ne manque pas d'intérêt :

« Nous sortons de la Chambre, émus d'un scandale qui révoltera le pays tout entier. Ce ne sont pas seulement les institutions qui s'écroulent, ce sont les manières qui se dépravent, c'est notre vieille politesse, c'est le bon goût qui s'en va.

« Aujourd'hui le comte de Touche-à-Tout s'est surpassé lui-même, il a prononcé un de ces discours qui font époque dans la vie des nations. Il a pulvérisé les vains sophismes avec lesquels on abuse un peuple crédule. « Votre liberté, a-t-il « dit, n'est qu'un leurre et un piége. Vous la dé- « finissez vous-mêmes, le règne de la loi. Qu'est-ce

« que la loi? Une règle inflexible, appliquée par « des magistrats inexorables. Et ce sont les rap- « ports compliqués de l'État et des citoyens que « vous voulez soumettre à une mesure déjà trop « rigide pour les intérêts privés? C'est de la fo- « lie. Vous en arrivez ainsi par la force des choses « ou à la tyrannie, ou à l'anarchie. »

Ces paroles ont été couvertes d'applaudissements sur les bancs de l'opposition.

« Qu'est-ce que l'administration, a repris le « comte? J'accepte votre définition : c'est le « règne de l homme. Ne voyez-vous pas que des « fonctionnaires, habiles, éclairés, indulgents, « sont seuls en état d'appliquer aux cas particu- « liers des mesures qui n'ont rien d'invariable? « Avec eux point d'absolu, l'absolu ne convient « pas aux choses humaines; mais souvent de « la bienveillance et toujours de l'équité. Pour « qui ne se paye pas de mots, n'est-ce point là la « véritable liberté? »

« Farceur! a crié tout à coup une voix trop connue.

« A cette injure toute la Chambre s'est levée comme un seul homme et a demandé le rappel à l'ordre de l'insolent. Après un tumulte qui a duré plus d'un quart d'heure, le coupable est monté à la tribune; c'était, nous le disons avec tristesse et dégoût, l'ancien collègue du comte de Touche-à-Tout, l'avocat Pieborgne.

« Il s'est excusé auprès de la Chambre, il a protesté qu'il ne voulait pas manquer de respect aux représentants du pays, il a déclaré que ce mot malheurenx lui était échappé.

« Rétractez-le, rétractez-le! lui a-t-on crié de tous côtés. » Rien n'eût été plus noble qu'une pareille conduite, mais il est des hommes qui ont perdu le sentiment de l'honneur. Pour se justifier, l'avocat Pieborgne n'a trouvé rien de mieux que d'aggraver sa position.

« En vérité, a-t-il dit, la plaisanterie du comte « est trop forte. J'ai été dans l'administration, « je sais comment les choses s'y passent. Nourri « dans le sérail, j'en connais les détours. Quand « un citoyen réclame, on ne demande pas · « *A-t-il raison?* on demande simplement : *Qui le* « *protége?* Tous pour les amis, rien pour les ad- « versaires, c'est la règle. Pour les premiers, l'ad- « ministration est mieux que la liberté, c'est le « privilége ; pour les seconds, c'est une tyrannie « bâtarde; partout et toujours c'est l'inégalité!

« Vous pouvez m'en croire, a-t-il ajouté ; je « n'ai aucun intérêt à défendre ni à attaquer le « pouvoir. Le roi n'a point fait appel à mon « dévouement, il a choisi des hommes nou- « veaux pour appliquer des idées nouvelles ; « peut-être n'a-t-il pas eu tort. De toute façon je « ne lui en veux pas ; je ne mets pas si haut mon « ambition et ma vanité, que je veuille ren- « verser un gouvernement parce que je ne suis « plus ministre. Rentré au barreau où il y a « place pour tout le monde, j'ai dit adieu aux « fonctions publiques. Mais, comme citoyen, « comme ami de mon pays, il me sera permis « de dire que le nouveau régime réussit beau- « coup mieux que je ne l'aurais espéré. De « toutes parts, le travail augmente, les associa- « tions se multiplient, l'instruction se répand ; « la nation est heureuse de vivre, elle est fière « de son jeune roi. Les Gobemouches prennent « goût à leurs propres affaires ; ce peuple qu'on « disait indifférent s'attache à ses institutions. « Vous n'en trouverez pas un seul aujourd'hui « qui veuille échanger la tyrannie de la loi « contre la liberté administrative. De pareils « arguments ne sont pas sérieux ; c'est se mo-

« quer de nous que de nous jeter à la tête ces « paradoxes impertinents. »

« L'opposition a hué d'importance ce renégat sans pudeur; mais, nous le disons, en rougissant pour notre pays, il s'est trouvé une majorité pour accueillir ces misérables sophismes. Et cette majorité est composée des mêmes hommes qui l'an passé applaudissaient à outrance toutes les mesures proposées par le comte de Touche-à-Tout. On croit rêver quand on assiste à ce triste spectacle. Le caprice d'un prince a suffi pour changer du blanc au noir toutes les idées, toutes les convictions, toute la politique des représentants de la nation. Nous en appelons aux électeurs. Un peuple qui changerait de la sorte, serait un peuple de girouettes et ne mériterait que le mépris. »

On lit dans *la Mouche*, le petit journal à la mode :

« Hier soir il y avait grande réception chez la marquise Vermiglione Vermiglioni. Pour la première fois depuis son mariage, la charmante fille du comte de Touche-à-Tout ouvrait ses salons ; elle en a fait les honneurs avec une grâce parfaite. Tous les amis de l'ancien ministre s'étaient donné rendez-vous à l'hôtel Vermiglione pour protester contre la scandaleuse conduite du chevalier Picborgne. L'assemblée n'était pas nombreuse; il y avait peu de députés. Un mot de la marquise a eu le plus grand succès. On lui parlait de la politique inaugurée par le jeune roi : *Bon*, a-t-elle dit, *c'est de l'enfantillage !*

« Ce mot a couru toute la ville; le soir même on l'a répété dans une maison où se trouvait le chevalier Picborgne, qu'on ne prend jamais en défaut. « La nouvelle politique, a-t-il dit en « riant, ne plaît pas à la belle marquise? Quoi de « plus naturel? elle n'est pas fardée. »

« Quand donc fera-t-on une loi pour brider la langue des avocats! »

Il nous serait aisé de prolonger à l'infini ces citations. Il y a, dit-on, dans la seule ville de Plaisir-sur-Or cent journaux quotidiens qui crient chaque matin que tout est perdu. Il est vrai qu'il y en a cent autres qui crient que tout est sauvé. Mais à quoi bon fatiguer le lecteur? Une chose est certaine, c'est que la révolution, prédite chaque jour, n'est pas aussi voisine que certaines gens le désirent, si l'on en croit du moins le chevalier Pieborgne, qui a résumé en une phrase piquante l'effet produit par ce déluge de gazettes.

« Les Gobemouches, a-t-il dit, sont aujourd'hui comme le chien du forgeron, qui s'endort quand on frappe sur l'enclume, et qui se réveille aussitôt qu'on ne fait plus de bruit. »

CHAPITRE XXIV

CONCLUSION.

Venons maintenant à nos lettres particulières. Il est inutile de dire que nous en laissons toute la responsabilité à nos correspondants, quoique nous ayons lieu de les croire bien informés. Pour rien au monde, nous ne voudrions commettre le délit de fausses nouvelles, délit aussi subtil que les miasmes cholériques, et non moins dangereux. On ne le voit pas même au microscope, et cependant on en meurt.

Le père Lapointe est concierge du château. Avec son habit galonné et son tricorne, il est aussi insolent que si le ciel l'avait fait naître dans une loge. Il méprise les petits et respecte les grands ; chacun l'admire et le salue de très-loin !

Le sergent Lafleur est gardien en chef des jardins royaux. C'est toujours le meilleur des hommes. On en fait tout ce qu'on veut, pourvu qu'on lui laisse conter la grande bataille de Necedad, et l'histoire des six aides de camp coupés en morceaux. Tous ses subordonnés l'aiment et lui obéissent. Il n'a de difficultés qu'avec un certain Leloup, qui a pour les chiens errants une faiblesse désolante ; il demande la patte à tous les caniches en rupture de ban. Le bon Leloup cherche partout le chien de la reine, et ne peut se consoler d'avoir manqué sa fortune ; il y en a plus d'un comme lui.

Narcisse reçoit, dépouille et analyse toutes les pétitions adressées au roi. Ce n'est pas une petite besogne. Les Gobemouches ont encore l'habitude de compter sur le prince un peu plus que sur Dieu. Mais Narcisse est bon et patient ; il n'oublie pas la misère passée. Ce qu'il a souffert autrefois le rend indulgent pour ceux qui souffrent et se plaignent aujourd'hui. Il a toute la confiance de Jacinthe, et il en est digne.

Giroflée est toujours bonne fille. Mais depuis qu'elle a un mari qui porte la croix et des moustaches, elle est si heureuse qu'elle a juré que ses six garçons (car elle en veut six) seront tous soldats. Narcisse essaye de la convertir à des idées moins farouches. Peine perdue. Giroflée n'est pas moins têtue que son père, et s'en souvient à l'occasion. Toutes ses voisines, du reste, sont de son avis. Qu'y a-t-il de plus beau que l'uniforme, les panaches, les pompons et les moustaches? C'est avec la femme que la folie est entrée sur la terre, elles n'en sortiront que de compagnie.

En passant près du château, le vieil Arlequin est entré chez ses amis. Par malheur on l'a remarqué, et à la seconde visite, un solliciteur adroit a trouvé moyen de lui attacher six pétitions au cou et trois à la queue. Depuis lors, on n'a plus revu le bouledogue. Est-il vivant, est-il mort, personne ne s'en inquiète, hormis Jacinthe, qui pense souvent à celui qu'il appelle son seul ami.

Le prince est toujours triste. De temps en temps, il vient chez Giroflée qui a le talent de l'égayer par son babil et ses chansons ; mais le travail l'accable, et peut-être aussi le chagrin. On rompt avec la femme qu'on méprise, mais on n'arrache pas, en un jour, l'amour qu'on a dans le cœur. Giroflée, qui se souvient de Fidèle, plaisante Jacinthe, tout roi qu'il est. Elle lui parle de toutes les princesses qui cherchent un mari. Elle a raison. Arlequin s'est dégoûté de l'espèce humaine, après avoir été trompé trois frois, mais Arlequin n'était qu'un chien. L'homme, cette créature supérieure, a été plus heureusement doué ; on peut le trahir sans compter. Ce fil d'or et de soie que la Parque roule entre ses doigts, et que nous appelons la vie, ce sont les illusions qui nous séduisent et nous rendent heureux ; aussi longtemps que dure le charme, nous vivons, quel que soit notre âge ; mais le jour où nos yeux s'ouvrent, notre cœur se sèche, nous sommes morts. A seize ans, on n'en est pas là. Jacinthe laisse parler Giroflée ; c'est déjà beaucoup. Aussi chez les gens bien informés qui savent les choses avant qu'elles existent, commence-t-on à parler d'une fille du roi des Cocqsigrues qui se résignerait volontiers à devenir la reine des Gobemouches. Si jamais la nouvelle paraît dans *la Vérité officielle*, j'en ferai part aux curieux.

Et maintenant, il ne me reste plus qu'à finir comme les comédies espagnoles :

Quien quiere hacer aplicaciones
Cor su pan se lo coma [1],

sans oublier la révérence finale, qui ne fut jamais plus nécessaire : *Excusez les fautes de l'auteur.*

[1] Si quelqu'un cherche ici des allusions, qu'il les mange avec son pain.

FIN

TABLE DES MATIÈRES

FIN DE LA TABLE DES MATIÈRES

PARIS. — IMP. SIMON RAÇON ET COMP., RUE D'ERFURTH, 1.

www.ingramcontent.com/pod-product-compliance
Ingram Content Group UK Ltd.
Pitfield, Milton Keynes, MK11 3LW, UK
UKHW021903260726
13966UKWH00006B/407